La réhabilitation
en matière pénale

Le droit aujourd'hui

La collection « Le droit aujourd'hui » regroupe des études juridiques concernant des problèmes d'actualité nationale et internationale, dans divers domaines (éthique, politique, questions de société…).

Dernières parutions

Béatrice BLOHORN-BRENNEUR (dir.), *Médiation, écologie, environnement et intelligence artificielle*, 2024.
François GERBER, *Tempête Xynthia. La responsabilité des acteurs locaux dans les conséquences de la submersion*, 2023.
Olivier SALOMON, *Interprétation artistique et propriété intellectuelle, Essai d'une théorie du voisinage des droits exclusifs au sein de la propriété littéraire et artistique*, 2023.
Sarah TOUBAL, *Le rebond du débiteur. Contribution à l'étude du droit de la défaillance économique,* 2023.
Claire BORREL, Loïc PELISSIER, Abélisse PINCHON, *Altruisme et Droit*, 2023.
Cristina Elena POPA TACHE, *Le dynamisme du droit international public contemporain et la transdisciplinarité,* 2023.
Charles COLOMAR, *Le droit de l'art en question(s). 20 réponses juridiques sur des thématiques artistiques*, 2023.
Marcel Yannick MISONGUI, *La protection juridictionnelle par la Cour de justice dans l'ELSJ et la PESC après le Brexit*, 2023.
François CAMPAGNOLA, *Précis de droit de l'énergie*, 2023.
Sébastien DEMAY, *La charge de travail à l'ère du numérique*, 2023.
Meganne NATALI, *Le droit international face au trafic illégal de biodiversité sauvage,* 2023.
Rahma BENTIROU MATHLOUTHI (dir.), *Proportionnalité, droits fondamentaux et juge, Proportionality, fundamental rights and judges*, 2023.
Aécio Filipe COELHO FRAGA DE OLIVEIRA, *L'exécution des mesures à titre provisoire rendues par un tribunal arbitral situé à l'étranger*, 2022.

Julie Robert-Tavernier

La réhabilitation en matière pénale

L'Harmattan

5-7, rue de l'École-Polytechnique, 75005 Paris

http://www.editions-harmattan.fr

ISBN : 978-2-336-44326-3
EAN : 9782336443263

Remerciements

Mes premiers remerciements vont à Madame Chrystelle Gazeau[1] sans qui je n'aurais pas travaillé sur un sujet aussi passionnant que celui de la réhabilitation. Sa disponibilité et ses suggestions ont été d'une aide précieuse.

Mes remerciements sont ensuite destinés à Madame Pascale Deumier[2] qui m'a ouverte à une pratique du droit alliant rigueur et souplesse.

Je remercie grandement Julien Rouffignac pour son talent artistique et le temps passé à créer l'illustration de couverture.

Liste des abréviations

AJ Pénal	Actualité Juridique de droit Pénal
Al. / §	Alinéa dans un texte
Art	Article
Bull. Crim.	Bulletin des arrêts de la chambre criminelle de la Cour de cassation
C/	Contre
CEDH	Cour Européenne des Droits de l'Homme
Chron.	Chronique
Col.	Collection
Comp.	Comparer
Conseil Const.	Conseil constitutionnel
Contra	Solution contraire
CPP	Code de procédure pénale français

Crim.	Chambre criminelle de la Cour de cassation
D.	Recueil Dalloz
Dir.	Sous la direction de
Ed.	Édition
Ibid.	*Ibidem*
In	Dans
Infra	Voir ci-dessous
JCl	Jurisclasseur
L. n°	Loi suivie du numéro de cette dernière
N°	Numéro
Op. cit.	*Opere citato*
Ord.	Ordonnance
P.	Page
RSC	Revue de Sciences Criminelles et de Droit pénal comparé
RTD com.	Revue trimestrielle de droit commercial (Sirey)
Suiv.	Suivant(s)
Supra	Voir ci-dessus
T.	Tome
UE	Union Européenne
Vol.	Volume

Sommaire

Préface

Il y a des moments particulièrement heureux dans une carrière universitaire et l'encadrement du mémoire de Julie Tavernier, aujourd'hui publié, est de ceux-là. Ce travail démontre les qualités d'une juriste accomplie qui allie maîtrise technique du sujet et réflexions sur ses fondements conceptuels. En accord, finalement, avec son choix de parcours, puisque le bien nommé Master Culture Judiciaire de l'Université Jean Moulin Lyon 3 invite à étudier les procédures couplées à l'histoire et à la philosophie du droit. En accord également avec ses perspectives professionnelles, l'avocate pénaliste en devenir promet de prendre la mesure de l'engagement de l'avocat, lequel débute par un serment : « Je jure, comme Avocat, d''exercer mes fonctions avec dignité, conscience, indépendance, probité et humanité ».

De cela découle l'autre grande qualité de ce mémoire, qui peut même être qualifiée de primordiale : il met en évidence les enjeux humains et sociétaux de la réhabilitation en matière pénale. Car le droit, produit des sociétés humaines, irrigue ces dernières. Il naît des individus et fait corps avec la vie de chacun. Il a donc ceci d'essentiel de nous rappeler qu'il est vain de vouloir le priver de cette part d'humanité car appliqué et structurant, il est aussi pensé, perçu, vécu, ressenti.

Alors sans doute est-ce là chose pratique que d'adhérer au confort de l'applicable, mais tout discours qui invite à ne retenir du droit que sa seule technicité oriente la pratique juridique dans un sens qui n'est pas sans danger. Il convient en effet de se souvenir des enseignements de Marc Ancel, lorsqu'en 1947 il rappelle l'importance de l'humanisme, apport essentiel à la formation du juriste et guide nécessaire pour le professionnel du droit. Car le droit déshumanisé est « une science sans âme qui se condamnerait à n'être qu'une technique sans vie ». Il est donc impératif de ne « jamais laisser une technique l'emporter sur le fond du droit, ne jamais prendre pour fin le procédé qui n'est qu'un moyen ». C'est ici la condition pour se prémunir du désastre : une science juridique qui cesse d'interroger le droit, ses finalités, ses faiblesses. Qui cesse donc, tout simplement, d'être une science.

Ce piège, l'auteure a su l'éviter. Dès les premières pages, elle questionne une réhabilitation en matière pénale, rejetée et peu étudiée, en passe de mourir par désuétude. Beaucoup s'accordent pour considérer que la réforme de 2007, venue redéfinir à la baisse des contours de l'effacement, aurait agi comme un accélérateur. « Le législateur [...] pardonne mais n'oublie plus. La mémoire de ces condamnations réhabilitées est conservée au bénéfice de l'autorité judiciaire, voire de l'administration pénitentiaire » (p. 103-104). La jurisprudence de la Cour de cassation admet désormais le rappel d'une peine réhabilitée. La doctrine commente peu, ce qui, au demeurant, ne semble pas nouveau. Dans leur ouvrage de 1886 consacré au sujet, Julien Bregeault et Léonce Delagarde relevaient déjà que la réhabilitation « n'a pas eu jusqu'à ce jour la bonne fortune de préoccuper l'esprit des criminalistes, ni de tenter la science des jurisconsultes ; cette institution fondamentale de notre droit pénal est peu connue ».

Aussi, le désintérêt et plus encore le rejet sont-ils témoins de l'inutile ? Rien n'est moins sûr, et cette intuition est le moteur du présent ouvrage. Julie Tavernier interroge alors avec franchise la fabrique du droit — d'où part le constat d'inutilité et pourquoi ? — et montre qu'en fait d'utilité il est surtout question de grille de lecture.

De là, la volonté de mêler les disciplines pour ce que chacune offre à voir d'une réalité. Et de là un argumentaire qui place le focus sur le temps du droit et ce qu'il dit de nos sociétés. Du devoir de mémoire et du droit à l'oubli, de leur complémentarité et de leur opposition, de la réponse politique et judiciaire aux attentes sociales.

Un constat s'impose : la réhabilitation est prise en étau. D'un côté, la mémoire qui a longtemps été ignorée. Or une société indifférente au passé ne peut apprendre pour l'avenir, ce qui commande de ne plus oublier. De l'autre côté, la normalisation du discours sécuritaire, lequel marque incontestablement de son empreinte ce que d'aucuns pouvaient qualifier par le passé de « clef de voûte du régime pénitentiaire ».

Julie Tavernier plaide, et elle le fait avec talent, en faveur de la réhabilitation au nom « de la nuance » afin « d'assumer l'importance du "devoir de mémoire" comme du "devoir d'oubli" » (p. 140).

Chrystelle Gazeau
Maître de conférences en Histoire du droit
Université Jean Moulin Lyon 3

Introduction

« On peut songer à prévenir les crimes en récompensant la vertu. » [4]

Cesare Beccaria

Sarah a été libérée. *Libérée de détention ?* Non. Libérée de son passé. De sa peine. À sa sortie de la maison d'arrêt de Corbas, Sarah, 35 ans, s'était sans cesse vu refuser la réalisation de son projet professionnel pourtant solidement construit avec « sa CPIP[5] »[6] en détention. *Pour quel motif ?* Son « passé judiciaire »[7]. Institutrice n'est pas un métier pour les condamnés. Et ce, même si sa dette à la société avait été payée, sa peine exécutée. C'est en réalité l'accueil de sa requête[8] en réhabilitation qui l'a libérée.

1. La définition de la réhabilitation. La réhabilitation est une notion juridique que l'on retrouve en droit pénal, en droit civil[9], en matière disciplinaire et en droit des affaires[10]. Toutefois, le terme de *réhabilitation* sera entendu dans ce livre, uniquement comme la *réhabilitation pénale*.

Du latin *re habilis*, la réhabilitation est littéralement le fait de « restituer à une personne une capacité qu'elle a perdue »[11]. « L'idée qui inspire cette mesure est qu'un délinquant qui a eu pendant un certain temps suivant l'exécution de sa peine un comportement satisfaisant ne doit pas subir, durant toute sa vie, les conséquences d'une faute ancienne »[12]. La Cour de cassation définit la réhabilitation comme « une mesure de bienveillance instituée par la loi en faveur des individus qui [...] se sont rendus dignes [...] d'être replacés dans l'intégralité de leur état ancien »[13]. L'article 133-12 du Code pénal affirme que « [t]oute personne frappée d'une peine criminelle, correctionnelle ou contraventionnelle peut bénéficier, soit d'une réhabilitation de plein droit [...], soit d'une réhabilitation judiciaire [...] ». Il existe donc deux formes de réhabilitation.

Le législateur les a codifiées de manière tout aussi claire que logique. En effet, au-delà de certains renvois[14], la réhabilitation légale, également appelée *réhabilitation de droit*, est régie par le Code pénal aux articles 133-12 à 133-17. La réhabilitation judiciaire fait, quant à elle, l'objet d'une procédure et est donc régie par le Code de procédure pénale aux articles 782 à 799. Qu'elle soit légale ou judiciaire, la réhabilitation permet l'effacement de la mention de la condamnation au deuxième (ci-après B2) et troisième bulletin (ci-après B3) du casier judiciaire, voire au premier (ci-après B1). Pour autant, cet effet ne lui est pas propre. Il faut donc la distinguer, à *minima*, de cinq autres procédures[15] ou « techniques d'effacement »[16].

La confusion la plus courante est celle entre la réhabilitation et la révision[17]. Cependant, la réhabilitation ne remet pas en cause le bien-fondé de la condamnation prononcée comme le fait la révision.

La réhabilitation se distingue aussi de l'amnistie[18] puisqu'elle n'efface pas le caractère infractionnel des faits. Au surplus, la réhabilitation n'est pas fondée sur une loi spécialement votée à cet effet comme l'est l'amnistie.

La réhabilitation se différencie également de la grâce[19] car elle ne dispense pas de l'exécution de la peine principale et n'est pas fondée sur une décision du pouvoir exécutif[20]. Au contraire, la réhabilitation exige même l'exécution ou la prescription[21] de la peine. Cela la distingue également du relèvement[22].

Autre distinction avec ce dernier, la réhabilitation exige de porter sur l'ensemble des incapacités prononcées tandis que le relèvement peut ne porter que sur quelques-unes.

Enfin, la différence la plus subtile pourrait être celle entre la réhabilitation et la dispense d'inscription au B2 ou au B3[23]. Elles sont en effet très proches, notamment depuis la réforme de 2007[24]. Cependant, la réhabilitation est nécessairement prononcée postérieurement à l'exécution de la peine, contrairement à la dispense d'inscription.

Certains auteurs[25] classent ces modalités selon le moment où elles interviennent sur l'échelle de temps de la procédure pénale. La révision, l'amnistie et la grâce concernent la phase d'exécution de la peine. Le relèvement et la réhabilitation concernent, quant à eux, avec la dispense d'inscription au B2 ou au B3, la phase post-sentencielle. Cette dernière phase traite de la mémoire de l'infraction.

En effet, la réhabilitation permet l'oubli judiciaire. Qu'elle soit légale ou judiciaire, elle efface la mention des condamnations passées afin d'inciter la réinsertion, voire l'insertion[26], des condamnés.

2. L'histoire de la réhabilitation. L'origine historique de la réhabilitation est ancienne[27]. Certains auteurs ont perçu des traces de celle-ci[28] dès la Loi de Solon sous l'Antiquité. Pour autant, c'est en 1439 que le terme de *réhabilitation* apparaît[29].

Dans le droit romain, cette dernière restitue ses droits à celui qui avait perdu sa qualité de Romain par l'exil[30].

Sous l'Ancien Régime, le roi rétablit les condamnés dans leur honneur de manière arbitraire par les « lettres de réhabilitation »[31]. Elles sont ainsi l'une des formes de ce que l'on appelle les « lettres de grâce ». Par les « lettres de réhabilitation », le roi « [impose] la bonne renommée »[32].

Ce n'est qu'en 1791[33], sous la monarchie constitutionnelle, que la réhabilitation devient une institution à part entière de la grâce. La grâce est arbitrairement[34] accordée par le pouvoir exécutif, là où la réhabilitation répond désormais à des conditions. On perçoit ainsi la volonté d'une nation, désormais souveraine, de s'extraire des manifestations de la justice retenue du roi. La réhabilitation n'est donc plus prononcée par « lettre » mais à la suite d'une procédure. Elle est accordée par le conseil général de la commune[35] aux condamnés qui se sont réinsérés. La réhabilitation est ensuite entérinée par l'autorité judiciaire. En leur restituant leurs droits, cette institution leur restitue leur honneur[36]. Cependant, ces mêmes fondements sont ceux qui feront vaciller l'existence de la réhabilitation.

En effet, lors des discussions préparatoires au Code d'instruction criminelle de 1808, la réhabilitation est remise en cause. Certains députés affirment qu'elle est inutile pour deux principales raisons. D'une part, elle repose sur une illusion puisqu'elle prétend restaurer l'honneur des condamnés. Or on ne peut « commande[r] [...] à l'opinion [ni] par des lois ni par des arrêts ». D'autre part, les députés déplorent qu'elle ne puisse se répandre faute de donner aux détenus condamnés les moyens de se réinsérer[37]. Toutefois, grâce à ses fervents « défenseurs », dont le plus fidèle fut le député Cambacérès, la réhabilitation est maintenue dans le Code d'instruction criminelle[38]. La question de l'honneur n'est pas abordée par ce dernier afin de rassurer la première et principale critique. La réhabilitation vient « uniquement » faire cesser les incapacités légales attachées à la condamnation. C'est par ce même Code de 1808 que l'autorité judiciaire ne sera désormais plus réduite à une simple fonction d'enregistrement de la réhabilitation. Elle a un pouvoir d'appréciation puisqu'elle donne dorénavant son avis à l'empereur. Ce dernier restant toutefois *in fine* l'unique voix décisive. La réhabilitation est donc dorénavant l'œuvre de l'administration, de l'autorité judiciaire et du pouvoir exécutif[39].

C'est une loi de 1885[40] qui permettra à la réhabilitation judiciaire de prendre sa forme actuelle puisque l'autorité judiciaire sera désormais la seule à accorder la réhabilitation.

Par la suite, la création en 1891[41] du non avenu ouvre les esprits aux « mécanisme[s] automatique[s] d'amendement »[42]. Les fondements de la réhabilitation de droit, refusée à plusieurs reprises[43], sont ainsi posés. Elle sera créée par les lois des 5 août 1899 et 11 juillet 1900[44]. La réhabilitation a donc désormais deux formes : légale et judiciaire.

Par la suite, la réhabilitation a évolué mais n'a pas connu de réforme de grande ampleur. C'est en 2007[45] que la réhabilitation est à nouveau sous les feux des projecteurs. Elle s'est vue en effet privée de ce qui formait en partie son intérêt : elle n'emporte plus le complet effacement du casier judiciaire. Nous verrons que, dans la lignée de cette modification, les différentes réformes du XXIe siècle, tout comme la jurisprudence, semblent avoir remis en cause ses fondements philosophiques. Cette problématique est d'actualité puisque les derniers arrêts en ce sens sont en date du 30 mars 2022[46] et 8 novembre 2022[47].

3. La délimitation du sujet « la réhabilitation en matière pénale ». L'article 133-12 du Code pénal dispose que « [t]oute personne frappée d'une peine criminelle, correctionnelle ou contraventionnelle peut bénéficier, soit d'une réhabilitation de plein droit [...], soit d'une réhabilitation judiciaire [...] ». La réhabilitation est donc accessible à de nombreuses situations pénales.

Parmi celles-ci, seule la réhabilitation des personnes physiques sera traitée dans les propos suivants. Précisons tout de même qu'elle est applicable dans des conditions similaires aux personnes morales[48] depuis 1992[49].

De plus, la réhabilitation est applicable tant aux majeurs qu'aux mineurs. Cependant, pour ces derniers, l'intérêt de la réhabilitation est nettement affaibli par les articles L631-4 du Code de la justice pénale des mineurs ainsi que 769 7° et 770[50] du Code de procédure pénale qui prévoient des délais amoindris[51] et l'entier épurement du casier judiciaire s'agissant des mesures éducatives, des dispenses de mesure éducatives et des déclarations de réussite éducative[52]. Par conséquent, la réhabilitation des mineurs ne sera pas évoquée.

Enfin, nous ne traiterons pas non plus du cas spécifique de la réhabilitation des condamnations prononcées par « les juridictions des forces armées »[53].

4. Les difficultés inhérentes à l'objet d'étude. Au-delà de son étendue, le sujet de la *réhabilitation en matière pénale* soulève différentes difficultés. La première d'entre elles consiste à comparer la théorie et la pratique. Cependant, avant même d'être confronté à cette difficulté une autre apparaît : celle de la rareté, et par conséquent du manque de diversité, de la documentation en la matière. Ainsi, étant semble-t-il l'unique spécialiste du sujet, la vision de Mme Martine Herzog-Evans est inévitablement souvent prise comme appui dans les développements suivants. Face à la rareté des sources secondaires, des sources primaires fondent donc régulièrement les développements.

À cette difficulté s'ajoute celle du constat pratique qui entoure la réhabilitation. Si elle est une institution ancienne, son effectif annuel fait craindre, depuis sa création, qu'elle ne tombe en désuétude[54]. Ce constat interroge[55]. *Pourquoi maintenir depuis plusieurs siècles dans notre système juridique une procédure qui n'est pas utilisée ?* Certains auteurs affirment en ce sens que « le faible volume du contentieux comme la modestie des études doctrinales [signalent] la faiblesse des enjeux ».[56] D'autres affirment que le principe est bon mais que le législateur, au travers de ses réformes, ainsi que la jurisprudence contredisent son fondement : l'oubli, voire le pardon. Ainsi la question s'est posée de savoir s'il s'agissait en réalité d'une procédure à défendre ou à anéantir. *Pourquoi défendre une procédure qui n'est pas utilisée ? N'est-ce pas empiler le passé comme à l'accoutumée ? Ne faudrait-il pas abandonner l'idéal qu'elle représente face au concret ? La doctrine ne s'attache-t-elle pas à une théorie pure qui doit être rattrapée et mise en balance par la réalité du terrain ?* Toutefois, ce livre s'inscrit dans un postulat différent : la faiblesse de l'intérêt peut nous faire passer à côté d'un levier intéressant et existant. Restait à conforter cette intuition par une approche pratique. Après bien des déconvenues nées de prises de contact restées infructueuses, un entretien, fin mai, nous a enfin permis d'apporter cet angle pratique précieux au traitement du sujet. La réalité du terrain[57] confirmait bien la pertinence de la défense d'une telle procédure. Et plus encore puisqu'il a été déduit de cet échange qu'elle était plus utile que jamais. En outre, la découverte du mémoire de Mme Remongin a enrichi cette approche pratique puisqu'il faisait suite à un stage de six mois en juridiction d'application des peines.

La seconde difficulté repose dans le choix des termes du sujet. L'intitulé initial étant « la réhabilitation en matière pénale », le travail de recherche s'est dirigé tant vers la réhabilitation judiciaire que la réhabilitation légale. Cependant, d'autres choix étaient possibles. Parler de « procédure de réhabilitation en matière pénale », comme cela a pu être le cas par abus de langage avant d'approfondir le sujet, l'aurait rétréci. Car la réhabilitation légale étant automatique, seule la réhabilitation judiciaire fait l'objet d'une décision juridictionnelle. Outre un traitement purement juridique, il aurait également été possible de choisir comme centre de gravité les fondements philosophiques de la réhabilitation : l'oubli et le pardon. Afin d'être complet, le sujet aurait alors été élargi à la procédure de relèvement. Il aurait ainsi été possible de se limiter aux procédures de réhabilitation judiciaire et de relèvement, en excluant la réhabilitation légale. Un troisième choix s'offrait. Celui de se pencher sur la réhabilitation, toutes les réhabilitations mais uniquement les réhabilitations. En effet, il est attirant de se demander ce qui justifie que la réhabilitation judiciaire soit si fréquemment séparée de la réhabilitation légale pour être mise en parallèle avec la procédure de relèvement. *Alors même que toutes deux s'appellent « réhabilitation », pourquoi les séparer si souvent ? Quels sont les fondements qui justifient qu'on les unisse ? Et quelles sont les différences qui justifient qu'on les éloigne ?* L'intitulé du sujet a donc été maintenu sous sa forme initiale : la « réhabilitation en matière pénale ».

5. Le choix d'un traitement pluridisciplinaire. Trouvant sa source dans l'ensemble de ces problématiques, ce sujet sera traité à travers trois interrogations omniprésentes. *Quoi ?* Question que le droit éclairera. *Pourquoi ?* Question que l'histoire et la philosophie du droit éclaireront. *Et pourquoi pas ?* Question que la sociologie, la criminologie ou encore la pénologie éclaireront. « Chacun de ces points de vue apporte un éclairage spécifique au sujet, chacun détient une part de vérité »[58]. Ce sujet juridique sera donc éclairé par différentes disciplines[59]. C'est ce que le professeur François Ost appelle « l'interdisciplinarité »[60]. Des « sciences auxiliaires s'ordonnent autour d'une discipline maîtresse [ici le droit], qui les "convoque" en fonction de ses propres besoins »[61]. Cette interdisciplinarité permet de se détacher d'une unique spécialité afin de placer l'objet d'étude au centre de la réflexion[62]. S'extraire de notre culture française positiviste est alors exigé[63]. « Le droit doit [...] être compris nécessairement "en contexte", mais ce contexte n'est pas extérieur au droit, il est le résultat du processus herméneutique qui crée le droit », explique le professeur Pichonnaz[64]. L'objectif de cette approche interdisciplinaire est d'avoir une vision la plus fidèle possible de la réalité de cette institution qui semble presque unique au monde[65] : la réhabilitation.

À la suite de nos questionnements, et à la lumière de l'ensemble de ces disciplines, une question proche d'un *ultimatum* doit être posée : faut-il sauver ou supprimer la réhabilitation ? Nous nous demanderons donc, en suivant le déroulé des réhabilitations légale et judiciaire, si elles ont toujours aujourd'hui un sens et un intérêt.

Nous tenterons de répondre à cette question grâce à l'analyse des conditions des deux réhabilitations (***première partie***) puis de leurs effets, une fois la peine réhabilitée (***seconde partie***).

PREMIÈRE PARTIE

L'octroi *ou* la réhabilitation de la condamnation

La réhabilitation judiciaire et la réhabilitation légale exigent des conditions préalables identiques (***premier chapitre***). La première exige ensuite une décision juridictionnelle, et par conséquent une procédure, là où la seconde est de droit, et par conséquent automatique (***second chapitre***).

Premier chapitre — Les conditions préalables à l'octroi d'une réhabilitation

> « La réhabilitation se distingue des autres causes d'effacement des condamnations pénales, en ce qu'elle vise au reclassement du condamné, en dehors de toute recherche d'un apaisement social [...] précisément parce que le trouble est apaisé par l'exécution de la peine et la bonne conduite du condamné. »[66]
>
> Muriel Giacopelli et Eudoxie Gallardo

Avant toute réhabilitation, le condamné doit répondre à trois conditions préalables. Il doit avoir exécuté sa peine principale (***I***) puis être resté dans le chemin de la légalité (***III***) durant un certain temps (***II***).

I. L'exécution de la peine principale

« La réhabilitation respecte le jugement et le maintient avec toutes ses conséquences dans le passé. »[67]

Paul Reutenauer

La première des conditions de la réhabilitation est l'exécution de la peine principale (*A*). Elle prive *de facto* certains condamnés de réhabilitation (***B***).

A. La condition d'exécution ou l'apaisement social restauré

6. L'exigence de principe : l'exécution de la peine principale. L'exécution de la peine principale est inhérente à la réhabilitation. L'Ordonnance de 1670 l'exigeait déjà[68]. Cette condition distingue donc la réhabilitation des procédures qui dispensent d'exécution de la condamnation comme la grâce, le relèvement, le non avenu d'une condamnation assortie du sursis, l'amnistie[69] ou encore la prescription de la peine. À travers cette condition d'exécution de la peine principale, la réhabilitation exige que la dette du condamné envers la société soit payée[70]. La réhabilitation ne fait donc pas obstacle à l'action publique. De plus, afin de ne pas porter préjudice aux tiers[71], le condamné qui prétend à la réhabilitation judiciaire doit[72] avoir payé les frais de justice, l'amende et les dommages et intérêts auxquels il a été condamné[73]. Il en est de même pour le passif de la faillite ainsi que pour les intérêts et frais en cas de condamnation pour banqueroute frauduleuse[74].

L'exécution des peines complémentaires n'est pas requise pour accorder la réhabilitation. En effet, comme nous le verrons ultérieurement[75], l'un des intérêts de la réhabilitation est qu'elle permet précisément de ne pas exécuter les peines d'incapacités et/ou de déchéances. En revanche, nous verrons que ces peines devront parfois être exécutées, non pas pour octroyer la réhabilitation, mais pour que cette dernière prenne effet.[76]

7. La prescription de la peine comme alternative à l'exécution. L'exigence d'exécution pourrait permettre de balayer la crainte de l'impunité, courante en droit pénal. Cependant, c'est sans compter sur l'alternative à l'exécution que prévoit le législateur, à savoir la prescription de la peine. En effet, le requérant à la réhabilitation doit avoir exécuté sa peine, sauf à ce que celle-ci soit prescrite[77]. Créée par une loi du 10 mars 1898, cette alternative est toutefois cohérente avec l'exigence de principe qu'est l'exécution. L'exigence est la même : l'apaisement social doit être restauré[78]. Lorsqu'une infraction est venue perturber l'ordre sociétal, la réponse pénale tente de le restaurer. La paix sociale sera ensuite « exigée » lorsque la peine aura été exécutée puisque la dette aura été payée[79]. Tandis que, si au bout de trois[80], six[81] ou vingt ans,[82] la peine prononcée n'a pas été exécutée, le législateur estime que l'exécution de la peine n'est plus nécessaire à la paix sociale. Puisque la société n'a pas mis à exécution la peine, on présume que l'ordre s'est restauré de lui-même. La prescription de la peine est donc acquise. Ainsi, que la dette soit payée par l'exécution ou « oubliée » par la prescription, le législateur exige que l'apaisement social soit rétabli[83]. Il n'est donc pas incohérent que la prescription de la peine puisse se substituer à son exécution. Certains auteurs affirment ainsi que « la réhabilitation suppose l'exécution, réelle ou fictive, de la peine principale »[84].

8. La remise gracieuse comme équivalent à l'exécution. De plus, cette même philosophie explique que « la remise gracieuse d'une peine équivaut [dans le cadre de la réhabilitation] à son exécution »[85]. Autrement dit, la grâce comme la réduction de peine[86] équivalent à avoir exécuté cette dernière. Cela n'a pas toujours été le cas. Historiquement, le Code d'instruction criminelle privait les peines graciées de réhabilitation[87].

9. En cas de services éminents à la nation. Cette même exigence d'un apaisement social restauré[88] permet aux condamnés ayant rendu d'éminents services au pays de bénéficier d'une réhabilitation judiciaire exemptée de toute condition préalable d'exécution[89]. Ce n'est plus l'exécution de la peine, mais l'acte éminent de la personne qui vient effacer sa dette, son acte illégal. On retrouve ici la logique de la grâce et de l'amnistie[90]. Plus encore, nous verrons ultérieurement que ce condamné est également exempté de toute condition temporelle[91].

L'exécution est donc l'un des fondements de la réhabilitation. Cependant, ce dernier est parfois en contradiction avec un autre d'entre eux : l'accessibilité de tous à la réhabilitation[92]. La condition d'exécution rend, de fait, la réhabilitation inaccessible à certains condamnés. C'est le cas des personnes condamnées à des peines perpétuelles.

B. Des difficultés factuelles

Le fait d'exiger l'exécution de la peine prive certains condamnés de réhabilitation alors même qu'ils pourraient avoir un intérêt à la demander.

10. Les dispenses et exemptions de peine. La première difficulté concerne les condamnations sans peine. Les condamnés exemptés[93] ou dispensés[94] de peine ne peuvent, par définition, ni exécuter ni prescrire de peine principale puisqu'aucune n'a été prononcée[95]. Pourtant, ils pourraient avoir un intérêt à demander une réhabilitation assortie d'une suppression du B1 puisque l'exemption et la dispense de peine n'effacent pas ce dernier[96]. Malgré cet intérêt, la condition d'exécution semble priver ces condamnés de toute réhabilitation[97].

11. Les interdictions définitives de territoire. La seconde difficulté concerne les condamnés à des peines définitives. Par définition, ces dernières ne peuvent pas être exécutées puisqu'elles seront à tout jamais en cours d'exécution. La Cour de cassation, par un arrêt de 2018, affirme qu'une peine principale qui par sa nature même ne prendra pas fin, comme l'interdiction définitive de territoire, ne peut prétendre à une réhabilitation judiciaire[98]. Si l'on ne se défait pas de cette peine de son vivant, la réhabilitation *post mortem* reste toutefois possible[99]. La situation est différente lorsque l'interdiction définitive est prononcée à titre complémentaire. En effet, les conditions d'accès à la réhabilitation se préoccupent uniquement des peines principales. Le condamné pourra donc demander sa réhabilitation[100]. Cependant, cette dernière ne prendra effet qu'à l'issue d'un délai de quarante ans[101].

Certains condamnés à cette peine principale d'interdiction définitive du territoire français ont affirmé que l'article 786 du Code de procédure pénale, qui exige l'exécution de la peine principale, portait « atteinte au principe de proportionnalité des peines, dès lors [qu'il a] pour effet de priver une personne condamnée à titre principal à une peine d'interdiction définitive du territoire français de la possibilité de former une demande en réhabilitation judiciaire alors même que cette personne ne bénéficie d'aucune procédure susceptible d'effacer la peine »[102]. Dans sa décision QPC[103] de 2015[104], le Conseil constitutionnel a répondu que la réhabilitation peut tout à fait être inaccessible aux peines sans limitation de durée et imprescriptibles. Le Conseil affirme que l'objectif recherché par le législateur au travers de la réhabilitation est « le reclassement du condamné »[105]. Celui-ci justifie l'inaccessibilité de fait de cette institution pour certaines peines. L'article 786 du Code de procédure pénale n'est donc pas inconstitutionnel. De plus, le Conseil constitutionnel a ajouté, à l'occasion d'une nouvelle question prioritaire de constitutionnalité de 2020[106], que la réhabilitation n'est pas un droit à valeur constitutionnelle.

12. La peine de mort. Si la troisième difficulté pourrait sembler appartenir au passé depuis 1981, l'actualité nous invite à la traiter. Elle concerne les condamnés à mort. Dans cette situation, l'exécution de la peine empêchait *de facto* toute possibilité pour le condamné de demander sa réhabilitation. Comme dans la situation précédente, seule la réhabilitation *post mortem* était donc envisageable. Cependant, un obstacle s'ajoute à cette situation[107] : celle du « délai de bonne conduite » exigé entre l'exécution de la peine principale et la réhabilitation. « [N]i le condamné, ni ses proches ne peuvent [donc] former une demande d'habilitation judiciaire »[108].

II. L'expiration des délais

> « La crédibilité du changement de vie de l'intéressé suppose qu'un nombre suffisant d'années se soit écoulé. »[109]
>
> Martine Herzog-Evans

13. Les fondements de ce délai. Conformément à leurs objectifs, les réhabilitations légale et judiciaire sont soumises à des délais différents. La réhabilitation de droit vient soutenir la réinsertion du condamné en lui accordant automatiquement la réhabilitation à l'issue de ce délai. Ce dernier traduit donc le temps suivant lequel le législateur estime qu'on peut présumer que le condamné s'est engagé sur le chemin de la réinsertion. La réhabilitation judiciaire vient, *in fine*, attester de la réinsertion du condamné. Par conséquent, le délai imposé permet de s'assurer de la réalisation, de l'honnêteté, voire de la pérennité de cette réinsertion. Ce délai est donc un délai d'octroi pour la réhabilitation de droit et un délai d'accès pour la réhabilitation judiciaire.

Le point de départ et l'étendue du délai exigé varient ainsi selon que la réhabilitation soit légale (***A***) ou judiciaire (***B***) puis selon la peine principale prononcée, et désormais exécutée.

A. Le délai d'octroi de la réhabilitation de droit

La réhabilitation légale est soumise à des délais de principe (*1*) qui font cependant parfois l'objet d'exceptions (*2*).

1. Des délais de principe

14. Des délais fonction de la peine prononcée. L'étendue et la computation du délai de la réhabilitation légale dépendent de la peine principale prononcée. « Les infractions les plus graves sont […] les plus longues à disparaître »[110]. En effet, si la condamnation a porté atteinte à une valeur sociale importante aux yeux de la société[111], l'apaisement social prend nécessairement plus de temps. Or, la réhabilitation ne peut être accordée qu'une fois cette paix sociale restaurée[112]. Au-delà du temps nécessaire à l'apaisement, ce délai semble également être celui que le législateur estime nécessaire à la réinsertion du condamné.

15. Le délai de trois ans[113]***.*** Les personnes condamnées à une amende[114] ou à des jours-amendes[115] seront réhabilitées de plein droit à l'expiration d'un délai de trois ans à compter de leur exécution ou de leur prescription. En revanche, si les jours-amendes sont impayés[116], le délai courra à compter de l'expiration de la contrainte judiciaire prononcée ou de la libération.

16. Le délai de cinq ans. Le second cas de figure concerne les condamnations *uniques* à un emprisonnement inférieur ou égal à un an ainsi que les peines principales autres que la réclusion criminelle, la détention criminelle, l'emprisonnement, l'amende ou le jour-amende. Ces condamnations seront réhabilitées de plein droit au terme d'un délai de cinq ans[117] à compter de l'exécution ou de la prescription de celles-ci.

17. Le délai de dix ans. Les peines *uniques* à un emprisonnement inférieur ou égal à dix ans ou les condamnations *multiples* à l'emprisonnement dont l'ensemble n'excède pas cinq ans[118] seront réhabilitées de plein droit au terme d'un délai de dix ans à compter de l'expiration de la peine ou de sa prescription.

18. Les délais en cas de peines étrangères. Lorsque le requérant demande la réhabilitation de ses peines mais qu'il a depuis été condamné par une juridiction pénale d'un État membre de l'Union européenne, le législateur prévoit des délais spécifiques[119].

Si cette nouvelle peine est pécuniaire, la peine française sera réhabilitée de droit au jour de l'effacement de la condamnation étrangère ou à l'issue d'un délai de trois ans à compter de son prononcé.

S'il s'agit d'une peine d'emprisonnement supérieure à une année, la peine française sera réhabilitée de droit au jour de l'effacement de la condamnation étrangère ou à l'expiration d'un délai de dix ans à compter de son prononcé.

Si la peine étrangère est un emprisonnement supérieur à dix ans, la peine française sera réhabilitée de droit au jour de l'effacement de la condamnation étrangère ou à l'issue d'un délai de quarante ans à compter de son prononcé.

Pour toutes les autres peines européennes, la peine française sera réhabilitée de droit au jour de l'effacement de la condamnation étrangère ou à l'expiration d'un délai de cinq ans à compter de son prononcé.

19. Précision en cas de peines confondues. Il convient de préciser que les peines confondues « sont considérées comme constituant une peine unique »[120] pour l'appréciation de ces délais selon l'article 133-15 du Code pénal. Ceci afin de respecter la volonté de la confusion des peines de n'en constituer « qu'une ».

20. Des peines privées de réhabilitation légale. On déduit de ces délais que toutes les peines ne peuvent pas être réhabilitées de droit. En effet, les peines multiples dont l'ensemble excède cinq ans, les peines supérieures à dix ans d'emprisonnement et les peines criminelles ne sont pas prévues par le législateur. Elles sont même exclues. Le législateur les prive de réhabilitation légale. Elles ont toutefois toujours accès à la réhabilitation judiciaire. Ainsi, les personnes condamnées aux peines les plus graves devront nécessairement prouver leur réinsertion afin d'être éventuellement réhabilitées[121].

Cependant, l'article 133-12 du Code pénal affirme que « [t]oute personne frappée d'une peine criminelle, correctionnelle ou contraventionnelle peut bénéficier, soit d'une réhabilitation de plein droit [...], soit d'une réhabilitation judiciaire [...] ». Les auteurs sont attachés à cette universalité. Certains ont donc[122] noté une contradiction entre les exclusions de l'article 133-13 du Code pénal, qui prive certaines condamnations de réhabilitation légale et cet article 133-2.

Deux réponses peuvent être apportées à cette critique. D'une part, l'Histoire nous montre que l'accès de tous à la réhabilitation n'est pas un principe inhérent à celle-ci. En effet, à la fin du XVIIIe siècle, seules les peines pouvant entraîner des incapacités[123] pouvaient faire l'objet d'une réhabilitation. Cela concernait, à l'époque, uniquement les peines criminelles. D'autre part, la précision exige de souligner que le législateur affirme que toute personne condamnée peut bénéficier, *soit* légalement *soit* judiciairement, d'une réhabilitation. Il n'est pas énoncé que tout condamné peut bénéficier de l'une *comme* de l'autre. Certains ne pourront effectivement accéder qu'à l'une d'entre elles. Il ne semble donc pas y avoir d'incohérence.

2. Des exceptions aux délais de principe

La réforme de 2007[124] a apporté deux exceptions à ces délais de principe d'accès à la réhabilitation légale. L'une concerne les condamnations assorties du sursis[125], l'autre les récidivistes. Toutes deux vont dans le sens de la sévérité.

21. L'exception en cas de sursis. En ce qui concerne les condamnations assorties du sursis, le délai de la réhabilitation légale court à compter de la date à laquelle la condamnation est devenue non avenue[126]. Jusqu'à la codification de cette exception en 2007[127], la doctrine s'inquiétait d'une solution contraire qui aurait permis au condamné de s'exempter de la contrainte imposée par la condamnation assortie du sursis[128].

22. L'exception en cas de récidive. En ce qui concerne les récidivistes, le législateur a aligné la réhabilitation légale sur la position de la réhabilitation judiciaire, puisqu'il a allongé les délais auxquels sont soumis les récidivistes. Il prévoit désormais le doublement des délais pour ces derniers[129]. Ce doublement semble pouvoir s'expliquer de deux manières.

23. Les fondements de ces exceptions. Une fois les délais de la réhabilitation légale écoulés, le législateur présume que la réinsertion du condamné est acquise ou est à *minima* en cours. Or, ces délais sont fonction de la gravité de la peine prononcée et plus précisément de son caractère plus ou moins coercitif. Par conséquent, le législateur semble traduire de manière réductrice la dangerosité de la personne condamnée par la gravité de sa condamnation[130]. Plus la personne est « dangereuse »[131], plus le temps que le législateur estime nécessaire à sa réinsertion est long.

À cela vient s'ajouter l'ancrage dans la délinquance. Ce dernier pouvant parfois être traduit par la dangerosité du condamné. Le législateur semble accroître les délais de la réhabilitation légale en fonction du temps nécessaire à la réinsertion, lui-même fonction de l'ancrage délinquantiel. Ainsi, le législateur double les délais en cas de récidive, estimant, certes, que cette personne est plus dangereuse qu'un primodélinquant[132] mais avant tout que le temps nécessaire à sa réinsertion sera plus long. En effet, la récidive traduit son ancrage délinquantiel. Cependant, si le législateur prenait réellement en considération l'ancrage délinquantiel, les réitérants[133] devraient, au même titre que les récidivistes, être soumis à ce doublement des délais. Ce qui n'est pas le cas.

Certains auteurs affirment que cet allongement des délais pour les récidivistes s'inscrit « simplement » dans le mouvement général, depuis le début des années 2000[134], de « durcissement de l'arsenal répressif »[135] particulièrement dirigé contre les récidivistes. Ce contexte serait ainsi la seconde explication de l'allongement des délais.

Cependant, la singularité de ce contexte doit être nuancée à la lumière de l'Histoire. Les récidivistes semblent de tout temps avoir été pointés du doigt. À ce sujet, une citation interpelle : « Ouvrir l'accès de la réhabilitation [...] [aux condamnés récidivistes] à une époque où la société s'effraye de leur nombre croissant, où l'opinion paraît solliciter l'intervention du législateur pour en purger le pays, semblait à la majorité de votre commission un non-sens et une mesure désastreuse »[136]. Cette phrase aurait pu être prononcée hier dans l'hémicycle. Pourtant, elle remonte au XIXe siècle. L'Histoire permet ainsi de relativiser le caractère exceptionnel de la sévérité envers les récidivistes. Si certaines périodes ont été plus « indulgentes à l'égard des récidivistes »[137], le législateur actuel n'est pas le premier à être particulièrement sévère envers ces derniers[138]. La période du Consulat est, par exemple, une période de répression particulièrement sévère envers les récidivistes[139].

B. Le délai d'accès à la réhabilitation judiciaire

L'un des intérêts de la réhabilitation judiciaire est qu'elle est soumise à des délais raccourcis par rapport à la réhabilitation légale. Ces derniers sont d'une à dix années en fonction de la peine principale prononcée.

24. L'objet du délai d'accès. Le délai de la réhabilitation judiciaire n'a pas le même objectif que celui de la réhabilitation de droit. Il ne représente pas le temps que le législateur présume nécessaire à la réinsertion puisque le condamné devra prouver cette dernière. *Pourquoi imposer un délai au condamné qui est rapidement en mesure de prouver qu'il s'est réinséré ?* Ce délai semble donc être davantage qu'un délai d'accès. Il garantit également la stabilité et la sincérité[140] de la réinsertion du condamné. Ce temps permet de présumer la désistance[141]. Ainsi, ce délai est un délai d'épreuve[142] ou, à *minima*, un délai de preuves[143].

Comme pour la réhabilitation de droit, la computation (*1*) et l'étendue (*2*) de ce délai dépendent de la peine prononcée, désormais exécutée, et non pas de la peine encourue comme l'affirme l'article 786 du Code de procédure pénale.

1. La computation du délai d'accès

25. Le principe. Le principe est celui d'un délai d'accès qui court à compter du jour de l'expiration de la peine principale[144]. Cependant, le législateur apporte trois précisions.

26. Les exceptions. Lorsque la peine principale est une amende, le délai de la réhabilitation judiciaire court à compter du jour où celle-ci devient irrévocable.

Lorsque la peine principale est une incarcération, il court à compter du jour de la libération définitive ou conditionnelle (lorsqu'elle n'a pas été révoquée).

Lorsque la peine principale est prescrite, le délai court à compter de l'acquisition de la prescription[145].

2. L'étendue du délai d'accès

27. Le principe. Ces délais d'accès sont de cinq ans pour les peines criminelles, de trois ans pour les délictuelles et d'un an pour les contraventionnelles[146].

28. Des délais fonction de la peine prononcée. Il convient de rappeler que c'est bien la peine prononcée, et non encourue, qui fait varier le délai. Ainsi, une personne condamnée à une peine délictuelle pour la commission d'un crime bénéficiera des délais délictuels. Cependant, si par l'effet d'une grâce une peine criminelle devient correctionnelle, le condamné reste soumis aux délais prévus pour ces dernières[147].

À noter que l'articulation de cette exigence temporelle et des conditions de la réhabilitation judiciaire *post mortem* a posé certaines difficultés. Nous évoquerons celles-ci lors des développements traitant de la réhabilitation demandée en l'honneur du condamné décédé[148].

Ces délais de principe sont parfois allongés ou au contraire supprimés.

29. Allongement des délais pour les récidivistes, les réhabilités et les prescrits. Les récidivistes, les personnes à nouveau condamnées alors qu'ils ont fait l'objet d'une réhabilitation par le passé ainsi que les personnes condamnées à une peine criminelle prescrite sont soumises à un délai de dix ans[149]. Toutefois, les récidivistes qui n'ont subi aucune peine criminelle, les réhabilités qui ont commis une nouvelle infraction pour laquelle ils encourent une peine correctionnelle, ainsi que les personnes condamnées à une peine correctionnelle prescrite sont soumis à un délai d'épreuve de six ans[150].

Ces trois cas d'allongement des délais ont des raisons d'être différentes. L'allongement des délais pour les récidivistes semble cohérent avec les fondements de la réhabilitation tels que développés précédemment[151]. La réhabilitation judiciaire vient attester de la réinsertion du condamné. Or certaines situations pénales permettent de préjuger d'un ancrage délinquantiel profond. On peut présumer en ce sens que les récidivistes sont davantage ancrés dans la délinquance que les autres condamnés. Le délai de preuve de la stabilité et de la sincérité de la réinsertion du récidiviste est donc nécessairement étendu. Toutefois, la réhabilitation lui reste accessible[152]. Tel n'a pas toujours été le cas. « Le condamné pour récidive ne sera jamais admis à la réhabilitation »[153], affirmait le Code d'instruction criminelle de 1808. Le législateur a commencé à ouvrir la réhabilitation à certains récidivistes en 1852[154], puis à tous en 1885[155]. « On ne désespère [alors] plus de l'amendement d'aucuns »[156]. Selon Martine Herzog-Evans l'explication de cette ouverture est criminologique. Elle se justifie par le fait que bien souvent « l'arrêt d'une carrière délinquante ne se produit qu'après plusieurs condamnations »[157]. Le législateur « s'assure [donc] simplement, par un délai plus long, de la sincérité du retour à une vie citoyenne. »[158]. On peut à nouveau[159] s'interroger sur la raison d'être d'une telle rigueur envers les récidivistes et non les réitérants[160]. Les développements précédemment menés s'appliquent à l'espèce[161].

Le second cas d'allongement des délais n'a pas toujours existé. En effet, historiquement, les condamnés précédemment réhabilités étaient privés de réhabilitation[162]. Aujourd'hui, le législateur leur ouvre cette possibilité. Toutefois, il reste prudent puisque l'enquête en vue de la première réhabilitation judiciaire n'a pas permis de se rendre compte de la fébrilité de la réinsertion du condamné. Par conséquent, si la personne réhabilitée nouvellement condamnée n'est pas par principe privée de réhabilitation judiciaire, elle est en revanche soumise à des délais plus longs qu'à l'accoutumée.

L'allongement des délais de réhabilitation judiciaire concerne enfin les personnes ayant été condamnées à des peines criminelles désormais prescrites. Ces derniers n'ayant pas subi leur peine, l'allongement du délai semble s'assurer qu'ils ont pris conscience de leur acte sans avoir exécuté leur peine.

30. L'exemption de délais en cas de service éminents. Les personnes condamnées ayant par la suite rendu d'éminents services au pays bénéficient d'une réhabilitation judiciaire qui n'est soumise à aucune condition d'exécution de peine[163], comme nous l'avons précédemment développé[164]. Ces derniers sont également libérés de toute condition temporelle, peu importe le nombre d'infractions commises par le passé ou leur gravité. Si la réhabilitation est parfois perçue comme une faveur du législateur[165], cette situation la porte à son paroxysme.

III. Le contenu du délai : la bonne conduite

> « Il est convenable que sa réintégration ne soit point un droit ouvert et certain, mais plutôt une espérance, une faculté qui lui présenteront des efforts à faire et un prix à obtenir. »[166]
>
> Paul Reutenauer

Le législateur n'exige pas seulement l'expiration des délais. Ces derniers doivent, au surplus, être épurés de toute condamnation criminelle ou délictuelle. Bien que l'article 133-13 du Code pénal n'interdise pas d'avoir été condamné à une peine contraventionnelle, l'idée reste celle d'un retour à la « vie légale ». La réhabilitation se distingue ainsi de la prescription qui ne se préoccupe pas de l'usage du délai exigé[167].

31. L'origine de l'exigence de bonne conduite. L'exigence de bonne conduite n'est pas historiquement inhérente à la réhabilitation. Elle a longtemps été une mesure de faveur accordée au bon vouloir du roi. Aucune condition de conduite n'était exigée par la loi sous l'Ancien droit[168]. Cette exigence a été instaurée comme condition d'accès à la réhabilitation par la suite sous la Constituante[169].

32. Des exigences différentes selon les réhabilitations. Cette exigence est différente selon la réhabilitation en question. La réhabilitation légale, en exigeant explicitement l'absence de nouvelle condamnation délictuelle ou criminelle[170], requiert *implicitement* la bonne conduite[171]. Cette dernière est au contraire *explicitement* exigée pour la réhabilitation judiciaire qui requiert qu'on rapporte la preuve de celle-ci[172] sans pour autant développer davantage. Il est cependant légitime de penser que l'absence de nouvelle condamnation délictuelle ou criminelle est l'une d'elles. Toutefois, l'ayant exigé explicitement en cas de prescription de la peine[173], *pourquoi le législateur ne l'aurait-il donc pas fait pour le tout si telle était sa volonté ?* Néanmoins, si cette exigence est applicable aux deux réhabilitations, toute nouvelle infraction commise viendra repousser le point de départ de ce délai de bonne conduite. À noter que depuis 2012[174], toute condamnation prononcée dans un pays membre de l'Union européenne est prise en compte comme une condamnation française[175] et retarde donc également l'accès à la réhabilitation.

En définitive, la bonne conduite est toujours exigée[176]. Elle est présumée pour la réhabilitation légale et doit être prouvée pour la réhabilitation judiciaire. De cette différence d'exigence découle une différence procédurale.

Second chapitre — Les spécificités procédurales

La réhabilitation légale étant automatique, seule la réhabilitation judiciaire fait l'objet d'une procédure. Cela s'observe très concrètement dans les textes puisque seule la réhabilitation judiciaire (*I*) est prévue par le Code de *procédure* pénale[177]. Au cours de cette procédure, la preuve de l'amendement devra être rapportée. La réhabilitation légale (*II*), quant à elle, présume l'amendement. Elle n'exige aucune décision juridictionnelle. Elle est de droit.

I. La réhabilitation judiciaire

Comme toute procédure, la réhabilitation judiciaire connaît différentes étapes. Nous les traiterons successivement.

A. La peine réhabilitable

33. La peine. L'article 782 du Code de procédure pénale, applicable à la réhabilitation judiciaire, affirme que : « [t]oute personne condamnée par un tribunal français à une peine criminelle, correctionnelle ou contraventionnelle peut être réhabilitée ». Ainsi, contrairement à la réhabilitation légale, tout condamné ayant exécuté sa peine et expiré son délai d'accès peut solliciter une réhabilitation judiciaire auprès de la chambre de l'instruction[178]. Et ce, peu importe la peine à laquelle il a été condamné[179]. Précisons toutefois que cette condamnation doit avoir été prononcée par un tribunal. En revanche, ce dernier peut être français, ou, depuis 2012[180], d'un État membre de l'Union européenne[181]. Cette prise en compte s'inscrit dans la volonté du législateur de prendre en compte ces condamnations afin de favoriser les échanges avec les États membres de l'Union européenne, notamment sur le contenu des casiers judiciaires[182].

B. Le demandeur à la réhabilitation

34. Le demandeur[183]. De son vivant, seul le condamné, ou son représentant légal[184], peut demander sa réhabilitation judiciaire. Cependant, s'il vient à décéder, ses proches pourront poursuivre la procédure qu'il aura initiée ou, à défaut, être à l'initiative de celle-ci. Son conjoint, ses ascendants et ses descendants auront alors un an à compter de son décès pour demander la réhabilitation de leur proche. Bien que cette possibilité n'ait pas toujours été offerte[185], Martine Herzog-Evans affirme qu'elle est en pleine adéquation avec les fondements de la réhabilitation judiciaire. En effet, au-delà d'être utilitaire, c'est une procédure qui vient « restaurer [l']honneur et […] récompenser [les] efforts particuliers »[186].

35. Des difficultés de fait. Cependant, certaines familles se sont vues privées de cette possibilité. En effet, la réhabilitation judiciaire exige qu'un délai d'épreuve soit observé à compter de l'exécution de la peine ; or les proches d'un condamné décédé n'ont qu'une année pour demander sa réhabilitation. Les familles des condamnés à mort se trouvent donc privées de cette possibilité, faute de pouvoir exécuter le délai d'épreuve.

Comme nous l'avons évoqué précédemment[187], cette problématique a récemment été portée devant le Conseil constitutionnel dans une question prioritaire de constitutionnalité tranchée le 28 février 2020[188]. La combinaison du délai d'action des familles et des délais d'épreuve[189] des condamnés a privé Gérard Fesch de la possibilité de réhabiliter la mémoire de son père. Le gouvernement, afin de défendre la loi, lui opposait cependant ceci : « la réhabilitation judiciaire ne peut être accordée qu'aux personnes qui, après avoir été condamnées et avoir subi leur peine, se sont rendues dignes, par les gages d'amendement qu'elles ont donnés pendant le délai d'épreuve, d'être replacées dans l'intégrité de leur état ancien. Dès lors, les personnes [...] exécutées se trouvaient dans l'impossibilité de remplir les conditions prévues par la loi. Ainsi, la différence de traitement qui résulte des dispositions contestées repose sur une différence de situation et en rapport direct avec l'objet de la loi ».

Au-delà des condamnés à mort, cette difficulté semble pouvoir se présenter pour l'ensemble des condamnés décédés avant l'expiration de leur délai d'épreuve. En définitive, la question est de savoir si les proches peuvent initier une procédure de réhabilitation judiciaire en faveur de leur proche condamné alors même qu'il est décédé avant d'avoir exécuté le délai d'épreuve. En l'état actuel du droit, il semblerait que non. Ainsi, seuls les proches des condamnés ayant expiré leur délai d'épreuve, sans pour autant avoir demandé leur réhabilitation, semblent pouvoir bénéficier de cette possibilité.

C. La demande de réhabilitation[190]

36. Le destinataire de la demande. La demande de réhabilitation judiciaire est adressée au procureur de la République de la résidence actuelle du requérant[191]. La personne de nationalité étrangère condamnée par un tribunal français devra, quant à elle, s'adresser au procureur de la République de sa dernière résidence en France ou, à défaut, celui du lieu de sa condamnation.

37. Le contenu de la demande. Cette demande devra préciser la date de la condamnation en question et le lieu de résidence du requérant depuis sa libération[192]. La demande de réhabilitation doit porter sur toutes les condamnations prononcées par un tribunal français[193] qui n'ont pas été réhabilitées antérieurement[194]. Elle peut également, depuis 2012, porter sur une condamnation prononcée par une juridiction pénale d'un État membre de l'Union européenne[195].

D. L'enquête et la preuve active de la bonne conduite[196]

Une fois la demande reçue, le procureur de la République va mener une enquête afin de rechercher si le condamné s'est réinséré. Ne venant pas soutenir le condamné dans sa réinsertion mais attester de cette dernière, les attentes sont nécessairement plus élevées que pour des aménagements de peine[197]. Si la preuve d'une réinsertion définitive serait utopique à exiger[198], une certaine pérennité est malgré tout recherchée. Cette enquête porte sur le comportement passé du condamné, sur sa vie actuelle et sur la stabilité qu'il a créée. Elle est donc très large.

38. L'exigence d'un temps immaculé. Comme précédemment affirmé, il semble cohérent d'attendre à *minima* qu'aucun nouveau crime ou délit n'ait été commis depuis l'exécution de la peine[199], même si cela n'est pas explicitement exigé[200].

39. Les exigences textuelles. Textuellement, le législateur a trois exigences envers le procureur de la République.

Ce dernier doit recueillir l'ensemble des informations qui lui semblent utiles dans les lieux où le requérant a séjourné depuis sa libération[201]. On comprend ainsi l'intérêt de saisir le procureur de la République de la résidence actuelle du requérant[202].

Le procureur instructeur doit ensuite se munir de trois documents : le B1 du requérant, les jugements de condamnation ainsi qu'un extrait du registre des lieux de détention où la peine a été exécutée constatant quelle a été la conduite du condamné.

Enfin, le procureur de la République doit s'enquérir de l'avis du juge d'application des peines[203]. Le législateur ne précise pas quel juge d'application des peines est concerné. La logique voudrait toutefois qu'il s'agisse de celui, voire de ceux, qui ont suivi le condamné au cours de l'exécution de sa/ses peine(s). Le législateur ne précise pas non plus l'objet précis de l'avis demandé. On suppose que ce dernier porte notamment sur la personnalité du condamné ou encore la sincérité et la pérennité de sa réinsertion. Cet avis semble important sans être pour autant décisif. Il est nécessairement important puisqu'il s'agit du regard d'un professionnel, au surplus, qui « connaît » le condamné. Cependant, il n'est pas déterminant puisqu'il s'agit d'un regard sur le passé, sur la période sentencielle. Or la réhabilitation se préoccupe du passé, mais aussi et surtout de la période post-sentencielle. Le requérant peut tout à fait avoir choisi le chemin de la réinsertion à la suite de l'exécution de sa peine.

40. L'appréciation de l'infraction commise et ses retentissements. Toujours concernant le passé du condamné, la jurisprudence admet que la gravité des infractions commises puisse être prise en compte dans l'enquête et, par conséquent, dans la décision finale. Cependant, la Cour de cassation affirme qu'elle ne peut pas être le seul élément déterminant de cette décision[204]. Dans la même veine, la Haute Cour admet que l'impact dans l'opinion publique de ces infractions puisse également venir nourrir l'enquête[205].

41. L'appréciation de la période d'exécution ou de prescription de la peine. Le législateur exige ensuite que le juge enquêteur se penche sur la période d'exécution de la peine dans deux cas précis.

Il prévoit d'abord la prise en compte de la conduite du condamné au cours de l'exécution de sa peine lorsque celle-ci était une incarcération. L'article 792 du Code de procédure pénale indique, en ce sens, que le procureur de la République doit prendre connaissance « d'un extrait du registre des lieux de détention où la peine a été subie constatant quelle a été la conduite du condamné ». Sans connaître son poids dans l'octroi ou non de la réhabilitation judiciaire, l'exécution de la peine est donc prise en considération dans cette décision.

Le législateur est ensuite très précis et exigeant en ce qui concerne la conduite attendue des condamnés ayant prescrit leur peine. Au-delà de n'avoir commis aucun crime ou délit au cours du délai de prescription, l'article 787 du Code de procédure pénale[206] affirme que le requérant doit prouver qu'il a eu une « conduite irréprochable » pendant celui-ci[207].

42. L'appréciation du quotidien actuel du condamné. Le quotidien du condamné est ensuite plus largement étudié afin de rechercher si la réinsertion acquise permettra une désistance pérenne. « Abandonner la délinquance.

Renoncer à “l’agir criminel”. C’est cela, la désistance. »[208]. Apprendre à « dire non aux copains », dit Mme Herzog-Evans[209]. Une attention particulière est donc apportée au « cercle » quotidien du requérant[210]. L’extraction d’un cercle vicieux et le choix d’un environnement vertueux sont déterminants dans la pérennité de la désistance. Les pairs encouragent la délinquance ou soutiennent l’ancien condamné dans son choix de la légalité. Le procureur de la République s’intéressera donc au cercle familial, professionnel et amical du condamné mais également inévitablement à ses éventuelles anciennes addictions.[211]

43. En définitive, une enquête intrusive. En définitive, il est demandé au procureur de la République de mener une enquête suffisamment précise sur l’ensemble de la vie menée par le condamné depuis l’exécution de sa peine[212] pour permettre aux juges du fond de juger de la véracité, de la sincérité, voire de la pérennité de la réinsertion du requérant. Cette enquête est donc forcément intrusive. Elle pourrait même être amenée à déstabiliser la réinsertion de la personne condamnée. En enquêtant auprès de l’entourage personnel et professionnel du condamné, le procureur peut être amené à donner une « publicité à une condamnation oubliée »[213]. Or l’enjeu même de la réhabilitation est de prouver que l’on a changé. « N’est-ce pas flétrir de nouveau l’homme dont on voulait effacer la flétrissure ? »[214]. C’est pourquoi le législateur exige que cette enquête soit discrète. Cette exigence est l’une des clefs de voûte de la profusion de cette procédure, sans quoi les condamnés n’auront aucun intérêt à s’y référer[215].

E. La décision de réhabilitation

44. La saisine de la chambre de l’instruction. Une fois qu’il estime que cette enquête est suffisante pour pouvoir se faire un avis, le procureur de la République communique celui-ci et les pièces l'étayant au procureur général. À son tour, ce dernier transmettra son avis à la Cour. S'il ne peut pas refuser de lui transmettre la demande en réhabilitation[216], il pourra en revanche émettre un avis défavorable dans ses conclusions[217].

45. L'audience de réhabilitation judiciaire. C'est à la chambre de l'instruction, saisie par le procureur général[218], que revient la décision de réhabiliter ou non le condamné. Elle se prononcera à la suite d'une audience contradictoire[219] en chambre du conseil[220]. Ceci permettra à la chambre de l'instruction de percevoir la sincérité du condamné, son implication et sa détermination dans son processus de désistance. Si la présence du condamné ou de son avocat au cours de cette audience semble essentielle, le caractère non public de celle-ci est plus discutable. Il peut tout autant être qualifié de respectueux que de regrettable[221]. Dans la lignée de la discrétion exigée dans le cadre de l'enquête[222], le caractère non public de cette audience est respectueux du condamné discret sur son passé. Pour autant, il peut également être regrettable de ne pas attester publiquement du changement de vie de celui-ci. D'autant plus, lorsque l'audience au cours de laquelle une personne a été condamnée a été publique et médiatisée. La publicité des débats de la procédure de réhabilitation pourrait venir neutraliser cette première médiatisation.

46. Le pouvoir d'appréciation de la chambre de l'instruction. La chambre de l'instruction appréciera souverainement[223] les garanties de réinsertion du requérant à la lumière des conclusions du procureur général, des observations et des pièces que le demandeur ou son avocat jugeront utiles à la décision[224]. Si la Cour de cassation réaffirme régulièrement cette souveraineté d'appréciation[225], elle précise tout de même que les juges du fond doivent opérer une appréciation globale de la situation. Ils ne peuvent pas refuser la réhabilitation pour un motif unique qu'ils jugeraient incompatible par principe avec la réinsertion. La demande de réhabilitation ne peut pas être rejetée au seul motif, par exemple, que le condamné était huissier de justice au moment des faits[226] ou qu'il souhaite devenir magistrat[227]. Dans la même veine, la moralité peut être prise en compte, mais ne peut pas être un motif unique de refus. En effet, la Cour ne juge pas ici la moralité d'une personne mais sa réinsertion. De plus, la Cour de cassation a récemment précisé que la réhabilitation ne peut être refusée au motif que les « condamnations, non inscrites au bulletin n° 2 du casier judiciaire de l'intéressé, ne bloquent en rien les projets de ce dernier »[228]. La chambre criminelle affirme ainsi qu'on ne peut mettre « à sa charge une exigence de justification de sa demande non prévue par ces textes »[229].

47. Les recours possibles. À la suite de l'audience, la décision de la chambre de l'instruction est rendue par arrêt motivé[230] dans un délai de deux mois[231]. Elle ne pourra pas faire l'objet d'un appel. Un pourvoi en cassation pourra en revanche être formé[232]. Deux cas de rejet peuvent se présenter. Ces derniers ont des conséquences sur le renouvellement éventuel de la requête en réhabilitation. Si la chambre de l'instruction rejette la demande de réhabilitation au motif que le délai d'épreuve n'est pas arrivé à son terme, le requérant pourra renouveler sa demande dès l'expiration de celui-ci. En revanche, si la demande est rejetée pour un autre motif, celle-ci ne pourra être renouvelée, depuis la loi du 3 juillet 1852[233], qu'après l'expiration d'un délai de deux ans[234]. D'où l'intérêt que peut représenter un pourvoi en cassation à la suite de la décision.

II. La réhabilitation légale

Par comparaison (*C*) avec la réhabilitation judiciaire, le caractère automatique de la réhabilitation légale (*A*) est le fondement des principales critiques en la matière (***B***).

A. Le principe de l'automaticité de la réhabilitation légale

48. L'absence de procédure. En matière de réhabilitation légale, l'absence d'infraction et le temps viennent faire gage de désistance. On ne demande aucune autre preuve de bonne conduite à l'ancien condamné. Le temps est la preuve de son changement. La réhabilitation est alors accordée sans avoir à engager de procédure. En revanche, si le condamné, une fois réhabilité, souhaite étendre les effets de sa réhabilitation de droit, le législateur lui impose la même procédure que la réhabilitation judiciaire et donc les mêmes exigences probatoires[235]. Le magistrat se penchera ainsi exceptionnellement sur le comportement du réhabilité de droit. Cependant, soulignons que cette procédure n'aura pas pour objet l'octroi de la réhabilitation, comme en matière de réhabilitation judiciaire, mais l'étendue de ses effets[236].

49. Le contexte historique de cette automaticité. Si le caractère automatique de la réhabilitation légale est aujourd'hui critiqué par certains auteurs[237], il était originellement perçu comme un levier d'expansion de la réhabilitation. En effet, convaincus de la pertinence de la réhabilitation, les parlementaires s'interrogeaient à la fin du XIXe siècle sur le moyen d'augmenter son nombre. Les condamnés sollicitaient peu la réhabilitation judiciaire, notamment par crainte d'une enquête peu discrète qui révélerait des condamnations à des personnes les ignorant[238]. Ainsi, l'idée d'une réhabilitation sans enquête, de droit, a pour la première fois été envisagée lors d'une commission extra-parlementaire en 1891[239]. L'idée d'une réhabilitation légale accordée automatiquement à la suite de l'écoulement d'un délai commençait à se répandre[240]. Bien qu'elle soit écartée à plusieurs reprises au bénéfice d'une simple circulaire recommandant aux parquets leur discrétion lors de l'enquête[241], l'idée d'une autre forme de réhabilitation fut semée. L'instauration du non avenu[242] cette même année 1891 ouvra les esprits aux « mécanisme[s] automatique[s] d'amendement »[243]. La réhabilitation légale sera ensuite créée par les lois des 5 août 1899 et 11 juillet 1900.

B. La critique de l'exigence de bonne conduite passive

50. La gratuité de la réhabilitation légale. La réhabilitation légale permet l'effacement automatique des condamnations à l'expiration d'un certain délai. Le temps permet ici à lui seul l'effacement des condamnations. Cette particularité l'inscrit, aux côtés d'autres règles d'effacement automatique du vivant du condamné[244], comme la règle dite des « cent ans » [245], des « vingt ans »[246] ou encore celle des « quarante ans »[247]. Étant automatique, certains auteurs ont qualifié la réhabilitation légale de « totalement gratuite »[248] en affirmant qu'elle ne requérait « aucun mérite de la part du condamné »[249]. La réhabilitation légale serait donc, selon eux, une faveur du législateur faite, certes pour encourager la réinsertion des condamnés, mais avant tout dans l'intérêt du Casier judiciaire national. Ces suppressions régulières permettraient de soutenir ce dernier dans la gestion de ses flux[250]. Cependant, cela n'est pas la perception de tous. S'il est certain que la réhabilitation de droit se range parmi les mesures de faveur[251] accordées par le législateur, la gratuité ne semble pas pouvoir la qualifier. Cette perception se nourrit notamment de la différence avec la réhabilitation judiciaire qui exige, comme nous l'avons vu[252], de *prouver* sa bonne conduite. Pour autant, cette différence ne permet pas de qualifier la réhabilitation légale de gratuite. Au contraire, elle est soumise, comme observé précédemment[253], à des délais durant lesquels l'ancien condamné ne doit pas avoir commis de nouveau crime ou délit[254]. La bonne conduite du condamné est donc exigée. Le délai imposé doit être légalement irréprochable. Or le temps pur n'est pas simple. En observant les taux de réitération[255], voire de récidive, on ne peut qu'admettre que cette exigence n'est pas bénigne[256]. Cela exige parfois l'extraction d'un cercle de pairs ancrés dans la digression. Or, la criminologie comme la sociologie nous affirment que cela n'est pas chose aisée[257]. Dans la majorité des cas, « l'arrêt d'une carrière délinquante ne se produit qu'après plusieurs condamnations »[258]. Le temps immaculé n'étant donc pas aisé, la réhabilitation ne peut pas être qualifiée de « gratuite ».

D'autant plus lorsqu'on observe l'ensemble des situations qui peuvent retarder le départ du délai de la réhabilitation légale. Elle n'est par conséquent pas une réhabilitation « sourde ». Non seulement il ne faut avoir commis aucune nouvelle infraction, en France ou à l'étranger[259], afin que la réhabilitation soit accordée, mais en plus certaines peines complémentaires doivent avoir été exécutées afin qu'elle puisse produire ses effets[260].

La réhabilitation légale n'est donc ni « gratuite » ni « quasi gratuite ».

51. L'automaticité de la réhabilitation légale. En revanche, la réhabilitation légale a bien un caractère automatique. En 1984, une recommandation du Comité des ministres du Conseil de l'Europe prônait « une réhabilitation automatique après un délai raisonnablement court »[261]. La réhabilitation légale permet ainsi d'obtenir les effets de la réhabilitation judiciaire sans avoir à en subir les « inconvénients »[262]. En ne maintenant que le temps comme condition, la réhabilitation légale permet une discrétion respectueuse du chemin parcouru par l'ancien condamné. Toutefois, étant l'unique preuve de sa réinsertion, les délais d'épreuve sont plus longs qu'en matière judiciaire. Certains auteurs[263] affirment que cette automaticité nie le fondement de la réhabilitation. Elle perdrait de sa cohérence en raison de cette absence d'exigence probatoire. En effet, la réhabilitation étant historiquement uniquement judiciaire, elle était toujours fondée sur la preuve d'un fait actif du condamné. Il devait s'être réinséré. On pourrait donc considérer que l'automaticité de la réhabilitation légale va à l'encontre de ce fondement puisqu'elle n'exige « qu'un » fait passif : l'absence de nouvelle condamnation[264].

Cependant, on peut opposer à cela que la réhabilitation légale est fidèle au fondement principal de toute réhabilitation : celui de l'oubli. Que la réhabilitation soit légale ou judiciaire, l'oubli doit être mérité. Ce mérite sera prouvé par un fait actif pour la réhabilitation judiciaire ou par un fait négatif, de ne plus commettre d'infraction, pour la réhabilitation légale. Cela est en soi un mérite lorsqu'on observe la réalité du terrain et de la réitération. La réhabilitation légale est donc fidèle à l'oubli que toute réhabilitation incarne. Un oubli en l'espèce naturel, mais un oubli pour autant mérité.

La critique d'un fondement bafoué semble au surplus se nourrir du contexte actuel en faveur de l'individualisation[265]. On constate cependant que réclamer l'individualisation pour toute demande de réhabilitation revient à nier la réalité pratique[266]. Cinq millions de nos concitoyens ont un casier judiciaire. Il est donc impossible factuellement d'analyser chaque dossier personnellement. Il suffit d'observer l'état actuel des tribunaux pour comprendre que l'automaticité de la réhabilitation légale est indispensable. L'accès aux taux de récidive et de réitération à la suite d'une réhabilitation de droit aurait permis d'observer si les délais de la réhabilitation légale suffisent à s'assurer de la désistance ou non d'une personne. Cela aurait ainsi légitimé ou non la réhabilitation de droit. C'est à regret que nous n'avons pu y accéder.

52. Les limites de l'automaticité. Toutefois, il convient de noter que le dernier arrêt en matière de réhabilitation, en date du 30 mars 2022[267], viendra certainement alimenter le désamour qu'endosse la réhabilitation légale. En effet, une personne réhabilitée de droit fut en l'espèce condamnée pour « violences volontaires sur ascendants suivies d'incapacité inférieure à 8 jours en récidive, violences volontaires suivies d'incapacité inférieure à 8 jours par ancien concubin avec arme par destination en récidive, mise en danger de la vie d'autrui et dégradations volontaires du bien d'autrui »[268]. Le délai de la réhabilitation légale n'a donc à l'évidence, en l'espèce, pas été celui de la réinsertion.

De plus, l'absence de nouveau crime ou délit étant l'unique preuve de désistance exigée par la réhabilitation légale, il est tout à fait envisageable qu'un condamné soit réhabilité alors même qu'il ne reconnaît pas l'illégalité des faits pour lesquels il a été puni. Mme Remongin[269] affirme en ce sens avoir été confrontée à la demande de réhabilitation d'une personne qui ne reconnaissait pas le viol sur sa fille pour lequel il avait été condamné. On peut s'interroger sur la désistance d'un homme qui ne reconnaît pas sa « faute ». Paul Ricœur affirmait en ce sens que « [t]ant que la sanction n'a pas été reconnue elle-même pour raisonnable par le condamné, elle n'a pas atteint ce dernier comme être raisonnable »[270]. Si pour certains la reconnaissance des faits condamnés est centrale dans le processus de désistance de leur auteur, des études soulignent, au contraire, l'absence de fondement scientifique permettant de conclure à cette corrélation. Du moins cette « corrélation [doit être] prudente [puisque] dépendant[e] de la nature de la délinquance, du risque de récidive et de la forme de déni »[271].

Malgré des différences procédurales, nous verrons ultérieurement que la réhabilitation judiciaire et la réhabilitation légale ont toutes deux, *in fine*, les mêmes effets[272]. Il semble donc intéressant de se demander pourquoi un condamné s'oriente davantage vers l'une ou l'autre des réhabilitations.

C. L'articulation des réhabilitations

Ayant les mêmes effets, pourquoi un justiciable se soumet-il à une décision juridictionnelle plutôt que d'attendre patiemment sa réhabilitation de droit ? (*2*) Avant même cette réflexion, les critiques de la doctrine envers une réhabilitation légale qui violerait les fondements de la réhabilitation nous invitent à nous demander quelle est, en définitive, *la* réhabilitation de principe (*1*).

1. L'articulation théorique des réhabilitations

53. La primauté historique de la réhabilitation judiciaire. La réhabilitation légale est historiquement la seconde née des réhabilitations. On pourrait ainsi la considérer comme une « sous-catégorie » de la réhabilitation judiciaire. Cette dernière serait perçue comme la procédure de référence qui incarnerait parfaitement le fondement de toute réhabilitation. Cette vision est celle de la doctrine de manière générale. Cette articulation permet ainsi de critiquer l'automaticité de la réhabilitation légale, voire sa « gratuité »[273].

En effet, seule la réhabilitation judiciaire permet de s'assurer de la réinsertion du condamné. Lorsqu'elle est prononcée, on est certain que le condamné s'est réinséré. On l'a vérifié. Cela invite donc à critiquer la réhabilitation légale : une fois la peine réhabilitée de droit, on n'a aucune certitude quant à la réinsertion du condamné. On n'a que des présomptions, voire des espoirs, fondés sur le temps écoulé sans réitérer. Cette présomption est en réalité le choix d'une hypothèse possible. La réinsertion est tout aussi plausible que le maintien dans la vie délinquante. En effet, toutes les infractions ne sont pas portées à la connaissance de la Justice. Aucune certitude n'existe donc quant au caractère immaculé du temps écoulé. Pour autant, le législateur français fait le choix de l'humanisme et de l'espoir. Il part du principe que les hommes changent. Un autre postulat aurait été possible. C'est un choix philosophique, politique[274], voire d'opportunité.

54. Une primauté pratique de la réhabilitation légale. Cependant, la pratique contredit cet ordre originel. Dans les faits, la réhabilitation légale est la plus fréquente et celle qui s'applique en principe. La réhabilitation judiciaire est exceptionnelle. Si leurs chiffres respectifs ne sont pas accessibles, le Casier judiciaire national affirmait en 2005 que vingt réhabilitations judiciaires avaient été prononcées cette même année[275]. À l'inverse, des réhabilitations légales sont accordées tous les jours. Cela est matériellement possible puisqu'elles sont automatiques et ne prennent, par conséquent, aucun temps à l'autorité judiciaire. La réhabilitation légale serait donc la réhabilitation commune et quotidienne, là où la réhabilitation judiciaire serait une réhabilitation d'« exception ». Elle permet d'accéder à la réhabilitation plus rapidement[276] et prend le temps de l'individualisation[277]. Or, matériellement, aujourd'hui, on ne peut pas prendre ce temps pour tous les condamnés.

2. L'articulation factuelle des réhabilitations

55. La réhabilitation judiciaire. On peut supposer que la réhabilitation judiciaire s'adresse davantage aux délinquants occasionnels qu'aux délinquants d'habitude[278]. En effet, la réinsertion doit être pleinement réalisée afin de pouvoir être réhabilité judiciairement, et ce, dans des délais plus courts (à défaut, elle n'a aucun intérêt) que la réhabilitation légale. Elle semble donc s'adresser à des personnes moins ancrées dans la délinquance, qui auront par conséquent plus de « facilité » à se réinsérer dans la société.

56. La réhabilitation légale. La réhabilitation légale, étant soumise à des délais plus longs, semble par conséquent principalement correspondre aux délinquants qui mettront davantage de temps à prendre le chemin de la désistance.

Cependant, si l'on estime que la réhabilitation judiciaire s'adresse aux condamnés les moins désinsérés, il semble incohérent de ne demander aucune preuve de réinsertion aux autres.

Néanmoins, n'ayant eu accès à aucune statistique, il s'agit là de simples suppositions. Une seule certitude est possible : la réhabilitation judiciaire s'adresse aux condamnés qui ne peuvent bénéficier d'une réhabilitation légale ainsi qu'à ceux qui souhaitent bénéficier d'une réhabilitation plus rapidement[279]. Toutefois, que la réhabilitation soit légale ou judiciaire, leurs effets seront *in fine* les mêmes.

SECONDE PARTIE

Les effets *ou* la condamnation réhabilitée

Une fois accordées, la réhabilitation légale et la réhabilitation judiciaire produisent les mêmes effets (***deuxième chapitre***). Nous verrons que ces derniers ainsi que la date de prise d'effet de la réhabilitation (***premier chapitre***) sont affectés par l'actuel « désamour » que connaît le « droit à l'oubli »[280]. De manière plus générale, on peut s'interroger sur la place de ce désamour dans le faible nombre de réhabilitations judiciaires (***troisième chapitre***).

Premier chapitre — La prise d'effet de la réhabilitation *ou* un oubli repoussé

> « Toute organisation de la mémoire est aussi bien une organisation de l'oubli. »[281]
>
> François Ost

57. La prise d'effet immédiate de la réhabilitation. Une fois octroyées, les réhabilitations légale et judiciaire produisent en principe immédiatement leurs effets[282]. Cependant, le législateur impose le retardement de ces derniers dans deux situations.

58. Le retardement de la prise d'effet dans certaines situations. Le législateur prévoit un premier tempérament concernant les peines complémentaires de suivi socio-judiciaire[283] ou d'interdiction d'exercer une activité professionnelle ou bénévole impliquant un contact habituel avec des mineurs[284]. Dans ces cas-là, la réhabilitation *légale* prend effet à la fin de cette peine[285].

Le second tempérament concerne les peines complémentaires d'interdiction, d'incapacité ou de déchéance à titre définitif. Le législateur prévoit alors que la réhabilitation légale prend effet à l'issue d'un délai de quarante ans[286].

59. Les fondements de ces retardements. La juridiction qui a prononcé un suivi socio-judiciaire[287] ou une interdiction d'exercer une activité professionnelle ou bénévole impliquant un contact habituel avec des mineurs a estimé que cette mesure était indispensable afin « d'assurer la protection de la société, de prévenir la commission de nouvelles infractions et de restaurer l'équilibre social »[288]. Ainsi, si la réhabilitation légale reste de droit et automatique, elle ne pourra en revanche produire ses effets qu'à l'issue de ces mesures.

Le raisonnement est le même lorsqu'une interdiction, une incapacité ou une déchéance à titre définitif ont été prononcées à titre de peine complémentaire. La juridiction qui les a prononcées a estimé[289] qu'au vu de la situation elles devaient être perpétuelles. La réhabilitation légale est donc toujours accessible à ces condamnés mais à condition de se soumettre à des délais allongés.

Toutefois, précisons que dans ces deux situations, les condamnés peuvent accéder plus rapidement à la réhabilitation par le biais de la réhabilitation judiciaire.

60. Une réhabilitation judiciaire qui échappe à ces retardements. En effet, le Code de procédure pénale exclut explicitement ces retardements d'effets pour la réhabilitation judiciaire[290]. Une telle différence entre la réhabilitation judiciaire et la réhabilitation légale s'explique par leurs différences de conditions. Avant qu'une réhabilitation judiciaire soit prononcée, une enquête a été menée[291]. Si la réhabilitation judiciaire est accordée, c'est que la chambre de l'instruction a constaté la réinsertion du condamné. Par conséquent, le suivi socio-judiciaire, l'interdiction, l'incapacité ou la déchéance qui avaient été prononcés pour protéger la société ne sont plus nécessaires[292]. Ils doivent donc prendre fin.

61. Un droit à l'oubli limité. En exigeant d'expier ces peines complémentaires, le législateur exige qu'on se souvienne, de manière dérogatoire, plus longtemps de certaines infractions[293]. Cet éloignement temporel des effets de la réhabilitation porte atteinte au « droit à l'oubli » qu'elle incarne. Pour autant, l'histoire de la réhabilitation nous montre que cette limite fut originellement prévue. Le législateur de 1808 posait déjà ces deux mêmes tempéraments dans le Code d'instruction criminelle. Ce régime dérogatoire n'est donc pas une atteinte au principe de la réhabilitation, mais une délimitation originelle de son ampleur.

62. Définition du droit à l'oubli. Le « droit à l'oubli », dont on vient d'évoquer les limites, caractérise la réhabilitation. Notons que ce droit est nécessairement source de tensions puisqu'il entre en contradiction avec le rôle premier du droit pénal qui est de réprimer. Le droit à l'oubli vient limiter le « droit de punir » en vue de la paix sociale. Ce droit à l'oubli est notamment au fondement de la prescription. Une personne a le droit de ne pas vivre éternellement sous la menace d'une poursuite. Appliqué à la réhabilitation, ce droit à l'oubli est le droit du condamné de ne pas vivre éternellement sous le fardeau de sa peine.

La morale parlerait ici de « pardon »[294]. Le philosophe Paul Ricœur expose l'intérêt de ce dernier en affirmant qu'il est « une sorte de guérison de la mémoire, [d]'achèvement de son deuil ; délivrée du poids de la dette, la mémoire est libérée pour de grands projets. Le pardon donne un futur à la mémoire ». François Ost parle quant à lui d'enrichir « la mémoire par le pardon »[295]. Appliqué à la matière juridique, on peut parler de « pardon judiciaire »[296]. La doctrine le définit comme « la reconnaissance d'une faute et l'atténuation ou la disparition de la sanction »[297].

L'objet de ce « pardon judiciaire » est de soutenir la réinsertion du condamné et de préserver ou de restaurer l'ordre public.

Toutefois, comme évoqué précédemment, le pardon ou l'oubli en droit pénal ne pourra jamais faire consensus. Il est nécessairement un « juste équilibre » issu d'un arbitrage entre des « intérêts » opposés. Le droit à l'oubli est donc régulièrement attaqué. Certains opposent l'« oubli […] à la vérité, à l'impunité pour être discrédité », affirme Sylvie Grunvald[298]. Toutefois, puisque la réhabilitation exige l'exécution de la peine principale, elle est « la forme la plus atténuée de pardon judiciaire »[299]. Cette institution semble donc être en mesure de rassurer les craintes que suscite l'oubli en droit pénal.

Deuxième chapitre — Les effets de la réhabilitation *ou* un oubli abandonné

« La réhabilitation lave-t-elle toujours aussi blanc ? »[300]

Gérard Lorho

« [L]e législateur multiplie les marques d'une certaine réserve à l'endroit de l'oubli de la peine s'accommodant mal avec l'objectif affiché de resocialisation. »[301]

Anne Ponseille

Les réhabilitations légale et judiciaire produisent les mêmes effets juridiques (*I*). Elles produisent également des effets psychologiques décisifs (*IV*). Cependant, nous verrons que certaines réformes ont altéré (*III*), parfois même « amputé » (*II*), ces différents effets.

I. Les effets juridiques

63. Le retour à la vie citoyenne. Une fois la réhabilitation de la condamnation octroyée, en principe, toutes les interdictions, incapacités et déchéances qui lui étaient attachées cessent[302]. La réhabilitation permet donc de retrouver des droits perdus comme les droits électoraux, le droit d'être juré ou encore de témoigner en justice[303]. Le condamné peut à nouveau participer à la vie de la cité[304].

Cet effet particulièrement symbolique est au cœur du pardon incarné par la réhabilitation.

Pour autant, on peut s'interroger sur l'importance de cet effet pour les personnes réhabilitées. Si certains affirment que cet effet est au cœur de la motivation des requérants[305], d'autres au contraire doutent de son attractivité[306]. On a ainsi pu lire qu'« [e]n réalité, les incapacités résultant des condamnations criminelles pouvaient sembler assez peu graves et beaucoup ne se soucièrent pas, au bout de dix années, de rappeler leur passé dans le seul but de redevenir électeurs ou jurés »[307].

Toutefois, une seule certitude semble pouvoir être avancée : l'importance de cet effet variera d'un condamné à l'autre.

64. Les bénéfices de la réhabilitation pour la nationalisation. La réhabilitation est également intéressante en matière de nationalité. En effet, les personnes étrangères « ayant fait l'objet de certaines condamnations »[308] ne peuvent pas, en principe, prétendre à la nationalité française. Cependant, le Code civil[309] affirme que celui qui aura été réhabilité ne sera plus exclu d'office de la procédure de nationalisation.

65. Les avantages permis par la réhabilitation concernant le FIJAIS. Une autre des portes qu'ouvre la réhabilitation est celle de la possibilité pour le condamné dont la condamnation est inscrite au fichier judiciaire national automatisé des auteurs d'infractions sexuelles ou violentes (ci-après FIJAIS) de demander l'effacement anticipé de ce dernier[310].

À l'inverse des trois premiers effets, le quatrième semble intéresser tous les requérants à la réhabilitation.

66. L'effacement de la mémoire citoyenne au B2 et au B3. La mention de la réhabilitation est ajoutée en marge des jugements de condamnation[311] et la peine réhabilitée est effacée du B2 et du B3[312]. Si cet effet n'intéressera pas les condamnés à des peines contraventionnelles puisque celles-ci sont « uniquement » inscrites au B1, il est incitatif pour la majorité des condamnés.

Cet effet concerne principalement la vie professionnelle du condamné. Le B3 est en effet régulièrement demandé par les employeurs et le B2 par les entreprises publiques et les administrations. Le nombre de demandes d'extrait de casier judiciaire déposées chaque année atteste de l'importance que peut revêtir cet effet. Le Casier judiciaire national affirme recevoir 17,5 millions de demandes de bulletins par an, dont 10 millions de B2. Les demandes de B2 ont explosé ces dix dernières années, nous dit-on. *Pourquoi ?* Parce que les employeurs exigent de plus en plus de « montrer patte blanche ». Le B2 constitue en ce sens une sorte de « certificat d'honorabilité ». Or, pour cela, les futurs salariés ont parfois besoin de la réhabilitation. L'effacement du B2 qu'elle permet semble donc plus que jamais central. La réhabilitation a une visée « utilitaire »[313] extrêmement importante.

De plus, la suppression du B2 permettra au condamné de se projeter dans une plus grande diversité de carrières professionnelles. Ce qui est particulièrement intéressant pour les condamnés qui sont encore au cœur d'une potentielle carrière professionnelle[314]. L'opportunité que représente la réhabilitation est donc essentielle en pratique.

Certains auteurs affirment, comme nous l'avons vu précédemment[315], que l'effacement du B2 et du B3 est également, voire principalement, prévu dans l'intérêt du Casier judiciaire national[316]. L'une des fonctions principales, qui est alors attribuée à la réhabilitation, et principalement à la réhabilitation légale, est de permettre le désengorgement de ce dernier. Ces suppressions régulières permettraient ainsi de soutenir le Casier judiciaire national dans la gestion de ses flux. Cependant, en 2023, l'évolution de la technologie semble pouvoir remettre en cause ce fondement.

Malgré l'importance pratique de l'effacement du B2 et du B3, celle-ci est parfois perçue comme bien moindre face à l'ancienne suppression du B1.

II. Des effets amputés

Le droit à l'oubli incarné par la réhabilitation est régulièrement « rattrapé » par le « devoir de mémoire ». En effet, la peine réhabilitée n'est pas toujours pleinement effacée. Elle est même, par principe, maintenue au B1 (*A*) et, pour les condamnés concernés, au FIJAIS ou encore au fichier des auteurs d'infractions terroristes (ci-après FIJAIT) (***B***).

A. Le maintien de la mémoire au B1 : une finalité répressive

67. Une réforme contraire au droit à l'oubli incarné par la réhabilitation. La majorité de la doctrine affirme que la réhabilitation a perdu de sa superbe depuis la réforme de 2007, entrée en vigueur en 2008[317]. En effet, la condamnation réhabilitée n'est plus pleinement effacée du casier judiciaire, comme c'était le cas depuis la loi du 16 décembre 1992[318]. La réhabilitation n'efface plus d'office les mentions des condamnations du B1. Le législateur est venu répondre à la critique d'un « oubli gratuit »[319]. Ainsi, depuis 2007, il pardonne mais n'oublie plus. La mémoire de ces condamnations réhabilitées est conservée au bénéfice de l'autorité judiciaire, voire de l'administration pénitentiaire[320]. Certains auteurs affirment par conséquent que la réhabilitation n'a plus d'intérêt.

68. Une critique à relativiser. Cependant, si cette réforme a en effet atteint l'un des fondements de la réhabilitation, elle ne la prive pas pour autant de tout intérêt. Le maintien des condamnations au B1 n'atteint pas l'« effet utilitaire » de la réhabilitation puisque ce bulletin ne peut que très rarement être demandé en vue d'exercer une profession. La réhabilitation, grâce à la suppression du B2 et du B3 qu'elle permet, a donc toujours un grand intérêt.

69. Un maintien problématique « uniquement » en cas de récidive. Le maintien du B1 a une visée purement répressive. Elle permet l'application du régime de la récidive[321]. Autrement dit, elle n'a d'effet « que » sur les éventuelles futures procédures judiciaires. Or, tel n'est pas l'esprit de la réhabilitation puisqu'elle est accordée aux condamnés qu'on pense réinsérés. Le maintien de la condamnation au B1 ne devrait donc pas poser de difficulté.

Toutefois, il convient de noter que la peine réhabilitée n'est donc plus, depuis 2007, inoffensive. Elle peut toujours constituer le premier terme d'une récidive[322]. Le législateur semble ainsi se méfier des travers passés du réhabilité. « Le soupçon de la récidive est permanent »[323]. Les peines réhabilitées rejoignent en ce sens les peines graciées ou non avenues, à l'inverse des peines amnistiées qui ne peuvent être prises en compte comme premier terme de récidive[324].

Néanmoins, la condamnation réhabilitée ne pourra pas constituer un premier terme de récidive lorsque la réhabilitation aura été accompagnée d'une suppression du B1.

70. La demande de suppression du B1. En effet, si la suppression du B1 n'est plus accordée d'office, elle est toujours possible. Seulement, la Cour prononçant la réhabilitation judiciaire devra statuer spécifiquement sur cette suppression[325]. Quant au réhabilité de droit, il devra en faire la demande[326] conformément à l'article 798-1 du Code de procédure pénale. Ce dernier exige que cette demande soit faite dans les conditions de la réhabilitation judiciaire.

Toutefois, que ce soit pour l'une ou l'autre des réhabilitations, le législateur ne prévoit pas les conditions probatoires permettant d'accéder à la suppression du B1. On peut légitimement se demander si une exigence plus importante que pour l'octroi de la réhabilitation est attendue[327]. Toutefois, la réhabilitation judiciaire exigeant que le condamné se soit pleinement réinséré, il semble difficile d'en attendre davantage. Il ne s'agit donc peut-être pas d'une condition d'insertion mais plutôt d'une condition de nécessité, ou du moins d'intérêt. Seul le condamné pour qui la suppression du B1 serait une nécessité professionnelle pourrait ainsi demander qu'on lui accorde cette suppression.

Cela étant dit, si aucune demande de suppression du B1 n'est faite, la condamnation s'effacera automatiquement de ce bulletin au terme d'un délai de quarante ans à compter du prononcé de la condamnation. En attendant, la mention « condamnation réhabilitée »[328] sera ajoutée aux côtés de cette dernière. La réforme de 2007 a donc incontestablement affecté le droit à l'oubli fondant la réhabilitation.

Toutefois, le législateur n'a pas attendu 2007 pour conserver la mémoire de ces condamnations réhabilitées. Elles étaient en effet déjà maintenues dans différents fichiers à visée préventive.

B. Le maintien de la mémoire aux FIJAIT et FIJAIS : une finalité préventive

71. Le FIJAIS et le FIJAIT : une atteinte au droit à l'oubli. Le législateur a instauré deux fichiers à visée préventive en 2004[329] et en 2015[330] : le FIJAIS[331] et le FIJAIT[332]. La réhabilitation n'efface pas la mention des condamnations qui y sont inscrites. Le droit à l'oubli était donc déjà affecté avant 2007.

72. Une atteinte limitée par la visée de ces fichiers. Cependant, l'atteinte portée à la réhabilitation par le maintien de la condamnation réhabilitée au B1 ne semble pas pouvoir être comparée à celle du maintien au FIJAIS et au FIJAIT. En effet, ces fichiers tendent à prévenir les infractions[333]. Certains les qualifient de « mesures de sûreté ». L'accès aux condamnations réhabilitées dans ces fichiers semble donc ne pas affecter les fondements de la réhabilitation puisque cette dernière efface la condamnation et ses effets, là où le FIJAIS et le FIJAIT viennent délivrer une information. Il ne s'agit pas de rappeler une « peine oubliée » pour réprimer mais de donner une information pour la sûreté. La Cour européenne des droits de l'homme affirme en ce sens que « ne peut avoir un caractère punitif une mesure prise à titre préventif »[334]. Or, l'inscription au FIJAIS ou au FIJAIT ne consiste pas à « punir une seconde fois [le condamné] pour l'infraction [...] mais à l'empêcher de se livrer à d'autres violences »[335]. Le ministère de l'Intérieur affirme d'ailleurs cela de manière explicite sur son site : « Le Fijais recense les personnes condamnées ou mises en cause pour certaines infractions sexuelles ou violentes. Il sert à empêcher la répétition de ces infractions »[336] ; « Le Fijait sert à empêcher le renouvellement d'actes de terrorisme et à faciliter l'identification des auteurs de ces infractions »[337]. Ils permettent notamment d'empêcher les auteurs de violences sexuelles sur mineurs d'être en contact avec ces derniers afin d'empêcher toute potentielle récidive. La CEDH associerait donc probablement cette inscription au FIJAIS à « une mesure préventive visant à assurer la sécurité » [338] des enfants.

III. Des effets altérés

73. L'interdiction de rappeler l'existence de la peine réhabilitée. Les réhabilitations légale et judiciaire produisent également les effets de l'amnistie[339]. Autrement dit, il est interdit pour toute « personne qui, dans l'exercice de ses fonctions, a connaissance de condamnations pénales, de sanctions disciplinaires ou professionnelles ou d'interdictions, déchéances et incapacités [...] [réhabilitées], d'en rappeler l'existence sous quelque forme que ce soit ou d'en laisser subsister la mention dans un document quelconque »[340]. Toutefois, certaines situations échappent à cette interdiction.

74. Le tempérament des actes juridictionnels. C'est tout d'abord le cas des « minutes des jugements, arrêts et décisions » [341] qui sont conservés mais sur lesquels on inscrit la mention « condamnation réhabilitée ».

75. Le tempérament répressif en cas de récidive. L'interdiction de rappeler l'existence de la peine réhabilitée a ensuite été nuancée par la réforme de 2007. En effet, comme nous l'avons vu précédemment, en maintenant la peine réhabilitée au B1, le législateur a souhaité permettre sa prise en compte comme premier terme de récidive. « La réhabilitation n'interdit pas la prise en compte de la condamnation, par les seules autorités judiciaires, en cas de nouvelles poursuites, pour l'application des règles sur la récidive légale », affirme le troisième alinéa de l'article 133-16 du Code pénal depuis 2007[342]. La peine réhabilitée peut donc être rappelée. Mme Herzog-Evans parle ainsi de « caducité de la prohibition du rappel de la décision »[343]. Néanmoins le législateur est très clair. La peine réhabilitée ne peut être rappelée *que* pour l'application du régime de la récidive. Toutefois, aucune nullité ou sanction n'est prévue en cas de prise en compte de celle-ci dans un autre cadre.

76. Le tempérament informatif du B1. Étant en principe inscrite au B1, les magistrats sont informés de l'existence des peines réhabilitées. Le danger semble donc être celui de la prise en compte de ces dernières en dehors du cadre de la récidive et notamment dans l'appréciation de la personnalité du condamné. Il semble en effet évident, et infiniment humain, que l'accès à l'information d'une condamnation, certes avec la mention « réhabilitée » mais tout de même mentionnée au B1, puisse influencer la décision d'un magistrat[344]. Sous couvert « d'individualisation »,[345] la peine réhabilitée pourrait ainsi nourrir la détermination d'une peine ultérieure. Il arrive en effet que certains magistrats évoquent de manière explicite les condamnations réhabilitées à l'audience[346]. Aucune sanction n'est prévue par le législateur dans cette situation.

Avant la réforme de 2007, il était de jurisprudence constante que la peine réhabilitée ne pouvait pas être prise en compte dans la détermination d'une peine ultérieure[347].

Seulement, en maintenant l'inscription au B1, le législateur de 2007 est revenu au régime antérieur au Code pénal de 1994[348]. Mme Martine Herzog-Evans[349] s'est donc interrogée sur l'application de la jurisprudence de l'époque qui affirmait que le magistrat qui était informé d'une peine grâce à son inscription au B1 pouvait en tenir compte, même si cette dernière avait bénéficié de la réhabilitation. La décision n'encourait pas la nullité[350]. Cela portait donc grandement atteinte au principe selon lequel on ne peut rappeler une peine réhabilitée.

Toutefois, à la suite de la réforme, la jurisprudence semblait conserver sa position antérieure à 2007[351] : la peine réhabilitée ne pouvait pas être utilisée à l'appui d'une peine ultérieure. Elle ne pouvait « servir » que dans le cadre du régime de la récidive.

Cependant une décision rendue par la Cour de cassation en 2013[352] a questionné la doctrine quant au maintien de cette étanchéité. La Haute Cour n'avait en l'espèce pas censuré l'arrêt de la Cour d'appel de Nîmes qui s'appuyait sur une peine réhabilitée pour prononcer une peine d'amende. La doctrine a donc affirmé que n'encourait « pas la censure l'arrêt qui, pour justifier une condamnation à une amende "exorbitante", s'appuie sur des condamnations réhabilitées »[353]. Ces affirmations pouvaient être nuancées. En effet, la Cour d'appel qui avait prononcé cette peine s'était également appuyée sur d'autres éléments. C'est pourquoi la Cour de cassation n'a pas cassé cet arrêt. De plus, si la Cour de cassation n'a pas censuré l'arrêt, elle a tout de même confirmé explicitement l'illégalité du rappel d'une condamnation réhabilitée. Le principe était donc peut être affaibli mais ne semblait pas pour autant remis en cause.

Toutefois, les derniers arrêts en date en matière de réhabilitation ne font plus aucun doute. Le 30 mars 2022,[354] la chambre criminelle de la Cour de cassation a rendu un arrêt affirmant que « la réhabilitation de plein droit d'une condamnation n'interdit pas à la juridiction de prendre en compte, lors de l'examen d'une demande de restitution d'un bien qui a servi à commettre les infractions, cet élément de personnalité figurant régulièrement au dossier de la procédure par sa mention au casier judiciaire ». Cette explication, livrée dans le Bulletin des arrêts de la chambre criminelle, reprend les termes d'un attendu de principe qui va à l'encontre de tous les fondements de la réhabilitation. Une peine réhabilitée constitue un « élément de personnalité », écrit la Haute Cour. Cette affirmation est contestable. Si la peine réhabilitée est un élément du passé pénal de la personne, cela n'en fait pas pour autant un élément de sa personnalité. Le propre de la réhabilitation est d'attester du changement de vie d'une personne. Ainsi, si une condamnation réhabilitée peut « au mieux » constituer un élément de la personnalité passée du condamné, elle ne peut permettre d'apprécier la personnalité actuelle de la personne.

Malgré ce qu'on pourrait croire au vu de la quasi-absence de commentaire doctrinal à la suite de cet arrêt, la visibilité que la Cour de cassation donne à ce dernier lui confère les allures d'un revirement de jurisprudence. En effet, bien qu'il soit rendu en chambre restreinte, il est publié au Bulletin. Or la Cour de cassation affirme sur son site internet que les « Bulletins mensuels proposent les arrêts ayant une portée doctrinale, soit par la nouveauté de la solution, soit par une évolution de l'interprétation d'un texte au regard de la jurisprudence antérieure, soit enfin parce que la Cour n'a pas publié cette solution depuis longtemps et qu'elle entend manifester la constance de sa position ». La dernière possibilité est à exclure puisque la jurisprudence, constante en la matière, se résumait jusqu'ici ainsi : « [p]as de prise en compte d'une condamnation réhabilitée dans la fixation d'une nouvelle peine »[355].

Il serait alors possible de rétorquer que la saisine d'un bien n'est pas toujours une confiscation et n'est donc pas inéluctablement une peine. Elle ne l'était pas, en effet, en l'espèce. Dans un souci de pédagogie, il convient ici de développer les faits de l'arrêt du 30 mars 2022.

Un bien avait été placé sous scellé dans le cadre d'une procédure sans que, *in fine*, la condamnation ne fasse de la confiscation l'une des peines du condamné. Toutefois, la cour ne s'est pas prononcée sur la restitution de ce scellé. Le condamné a donc demandé, postérieurement à la décision, la restitution de son bien au ministère public. L'article 41-1 du CPP prévoit alors qu'il « n'y a pas lieu à restitution lorsque celle-ci est de nature à créer un danger pour les personnes ou les biens ou lorsqu'une disposition particulière prévoit la destruction des objets placés sous main de justice ». Le procureur a donc un pouvoir d'appréciation. Afin de forger son avis sur la question, il s'intéressera inévitablement à la personnalité du condamné. Dès lors, la chambre criminelle vient, le 30 mars 2022, d'affirmer que la peine réhabilitée mentionnée au B1 pourra être prise en compte dans cette décision. Ainsi, si la peine réhabilitée n'a pas été prise en compte dans la détermination d'une *peine* ultérieure, il est incontestable que l'interdiction de rappeler l'existence d'une peine réhabilitée est fortement atteinte par cette décision.

Au surplus, le 8 novembre 2022, la chambre criminelle a été amenée à se positionner sur la motivation d'un arrêt ayant prononcé la confiscation d'un véhicule à titre, cette fois-ci, de *peine* complémentaire. Pour ordonner cette dernière, les juges du fond affirmaient que « le prévenu, âgé de 37 ans, père de trois enfants, vit en concubinage, déclare bénéficier d'un contrat de travail à durée indéterminée […], en qualité d'agent phytosanitaire aux frontières, moyennant un salaire mensuel de 300 000 francs pacifique, et que son casier judiciaire mentionne une condamnation réhabilitée de plein droit pour des faits identiques à ceux de l'espèce ». La peine réhabilitée a donc, cette fois-ci, été explicitement prise en compte dans la détermination d'une *peine*, de manière *contra legem.* En effet, la condamnation réhabilitée ne peut être prise en compte que dans une situation : « pour l'application des règles sur la récidive légale », affirme l'article 133-16 alinéa 3 du Code pénal. Ainsi, au-delà d'une incidence sur le quantum de la peine encourue, *la condamnation réhabilitée peut-elle être utilisée par le juge comme motivation de la peine in fine prononcée ?* Autrement dit, en cas de récidive, *l'article 133-16 permet-il de prendre en compte la condamnation réhabilitée dans l'individualisation de la nouvelle peine ou se limite-t-il à augmenter le quantum encouru ?* Le principe de l'application stricte de la loi pénale impose de constater que le texte ne prévoit qu'une prise en compte au titre du quantum. Le législateur ne permet aucune autre prise en compte de la condamnation réhabilitée.

Comme une impression de déjà-vu, ces arrêts nous renvoient à la jurisprudence de la chambre criminelle des années 1940 qui affirmait qu'« aucun texte légal n'interdit [...] de faire état, [...] à titre de moralité et de simple renseignement, d'une condamnation effacée par la réhabilitation »[356]. Les commentaires doctrinaux de l'époque semblent également pouvoir s'appliquer : cette « jurisprudence aboutit [...] à assortir arbitrairement d'effets de droit la mention portée au bulletin n° 1 de la condamnation réhabilitée. C'est en violation flagrante tant de l'esprit que de la lettre [...] qu'il [est] abusivement ajouté aux textes »[357].

Par conséquent, en acceptant qu'une peine réhabilitée puisse être rappelée à titre d'élément de personnalité, la Haute Cour semble faire un retour en arrière dans le temps ainsi que dans la protection des fondements de la réhabilitation. La « pratique judiciaire [...] [paraît ici subir] à contrecœur » la réhabilitation[358].

On pourrait alors affirmer, comme pour l'amnistie, qu'il est « fondamental de distinguer le rappel d'une condamnation [...], ce qui est interdit, du rappel des faits ayant fondé cette condamnation, rappel qui est licite »[359]. Cette distinction fut un temps appliquée en matière de réhabilitation par la jurisprudence[360]. Cependant, dissocier la condamnation réhabilitée des faits ayant fondé cette condamnation semble délicat. *N'est-ce pas le passé que l'on cherchait à effacer par ce mécanisme d'oubli qu'est la réhabilitation ?* Dissocier les faits de la condamnation revient à pardonner sans pour autant oublier. Or tel n'est pas l'esprit de la réhabilitation. Le condamné qui recherche l'oubli devra donc demander l'effacement de son B1 afin de s'assurer du respect de l'interdiction de rappeler une condamnation réhabilitée.

77. Le tempérament informatif du FIJAIS et du FIJAIT. Néanmoins, même en cas de suppression du B1, la peine réhabilitée reste inscrite au FIJAIS et au FIJAIT comme nous l'avons précédemment développé. Les mentions des condamnations y demeurent malgré la réhabilitation. Or, ces fichiers sont accessibles aux autorités judiciaires[361]. Les développements précédents quant à la potentielle prise en compte des peines réhabilitées dans l'appréciation de la personnalité s'appliquent donc à l'espèce[362].

De plus, ces fichiers sont également accessibles à certaines administrations. Or, l'interdiction de rappeler une peine réhabilitée fait parfois l'objet d'exceptions les concernant. En effet, certaines administrations peuvent avoir l'obligation de prendre en compte les condamnations mentionnées au FIJAIS et au FIJAIT, et ce même si elles ont été réhabilitées. C'est notamment le cas pour les professions en contact avec des mineurs depuis la loi du 7 février 2022 relative à la protection des enfants[363]. Cette règle spéciale du Code de l'action sociale et des familles[364] déroge au principe général de l'article 133-16 du Code pénal en ce qu'elle contraint certaines administrations à tirer des conséquences de condamnations réhabilitées. Le législateur choisit actuellement de prioriser la *prévention* face à *l'oubli*. Ce n'est pas négatif pour autant puisque cela protège les enfants. C'est un choix politique. Seulement, juridiquement, il convient de souligner que cela contredit le principe.

À noter qu'il est possible de demander la suppression des peines réhabilitées inscrites au FIJAIS[365] et qu'il en est de même plus généralement pour toutes les peines, même non réhabilitées, inscrites au FIJAIT[366]. Si cette suppression est accordée, seules l'autorité judiciaire et parfois l'administration pénitentiaire auront alors accès aux peines réhabilitées au travers du B1.

78. L'atteinte à la philosophie actuelle du droit pénal. Ainsi, seuls les condamnés réhabilités qui auront demandé et obtenu la suppression du B1 ainsi que celle du FIJAIS et du FIJAIT, pour les condamnés concernés, semblent pouvoir être certains que l'interdiction de rappeler l'existence d'une peine réhabilitée sera respectée.

En définitive, on ne peut que constater l'augmentation des atteintes à cette interdiction. Ces tempéraments affectent le droit à l'oubli, le pardon judiciaire, la fonction de la réhabilitation ainsi que, plus généralement, la philosophie actuelle du droit pénal que cette institution incarne. Cette dernière étant « qu'un homme ne peut être résumé à son crime et qu'il peut évidemment s'amender »[367]. La réhabilitation témoigne de « la possibilité pour un homme de devenir autre chose que ce que dit de lui son casier judiciaire »[368]. Cependant, par ces tempéraments, le législateur admet qu'un condamné peut changer mais doute de la pérennité de sa désistance.

IV. Les effets extrajuridiques

Les condamnés qui ont bénéficié d'une réhabilitation témoignent d'effets extrajuridiques tout aussi importants que les premiers[369].

79. Le rétablissement de l'honneur perdu. La réhabilitation permet historiquement un retour de l'honneur perdu au moment de la condamnation[370]. Ce rétablissement de l'honneur permis par la réhabilitation a également pour certains une importance cruciale vis-à-vis de leur cercle familial et amical[371]. Dans le même esprit, certains parlent aujourd'hui d'un retour à la dignité[372]. La personne n'a plus à porter le fardeau de son passé. Fournir un extrait de son B2 ou de son B3 ne l'inquiète plus. Le condamné réhabilité n'aura également plus à craindre que son passé le rattrape, notamment à chaque infraction similaire dans son secteur géographique ou à chaque contrôle des forces de l'ordre[373].

La réhabilitation *post mortem* est la preuve ultime du rétablissement dans l'honneur que permet cette institution. Alors même que le décès efface automatiquement les mentions du casier judiciaire[374], certaines familles demandent la réhabilitation de leur proche décédé. On comprend ainsi que cette procédure a un intérêt bien plus large que la « simple » suppression des mentions des condamnations du casier judiciaire. La réhabilitation permet de surplus au condamné d'être rétabli dans son honneur.

80. La symbolique d'un retour à la société. Dans la même veine, la réhabilitation a une symbolique forte. D'autant plus lorsqu'elle est judiciaire. En effet, le juge prononce alors le retour de la personne condamnée parmi les citoyens de « bonne moralité ». Martine Herzog-Evans affirme en ce sens que « [l]a décision est solennelle, ce qui confère à l'arrêt ainsi rendu une forme déclaratoire de respectabilité retrouvée, qui peut être chargée d'émotion »[375]. L'autorité judiciaire vient en effet reconnaître et attester à l'ensemble des citoyens[376] que le condamné s'est réinséré. Il est un autre homme que celui qui fut condamné par le passé. En 1791, le tribunal qui accordait la réhabilitation judiciaire mettait des mots sur cette audience symbolique en s'exprimant ainsi : « sur l'attestation et la demande de votre pays, la loi et le tribunal effacent la tache de votre crime »[377].

En supprimant la condamnation des Bulletins qui leur sont accessibles, l'autorité judiciaire affirme aux employeurs, voire à certaines administrations, que le condamné a changé. Que « le réhabilité est un "homme nouveau" »[378]. Cependant, en parallèle, elle « chuchote » depuis 2007[379] au réhabilité que s'il venait à céder à ses anciennes tentations, il serait sévèrement réprimé[380]. En effet, l'autorité judiciaire n'oublie pas qui il était puisqu'elle maintient la condamnation au B1. Le législateur estime que le juge aura besoin d'avoir accès à la condamnation réhabilitée en cas de récidive pour savoir à qui elle a affaire. « Si cet individu retombe, il est bon qu'on sache qu'il a mal mérité la faveur personnelle qu'on lui avait faite »[381]. Cela est contraire à l'esprit de la réhabilitation puisque cela revient à n'effacer qu'à moitié le passé, à ne pardonner qu'à demi-mot ainsi qu'à affirmer sans conviction que la personne a changé.

81. Influer par la récompense et non la répression. Toutefois, si une fois la réhabilitation accordée, le législateur incite à la vertu par la crainte d'une répression plus sévère, tel n'est pas le cas en amont. La réhabilitation incarne une incitation à la vertu par la récompense. Une fois condamnée, la personne peut espérer retrouver son état ancien par la réhabilitation. Pour cela, elle doit choisir le chemin de la légalité. Le législateur encourage ainsi les efforts de réinsertion du condamné[382]. De manière plus précise, la réhabilitation légale encourage la réinsertion en la soutenant. Tandis que la réhabilitation judiciaire encourage la réinsertion par la récompense[383]. C'est pourquoi la réhabilitation a très tôt été perçue comme un levier de la lutte contre la récidive[384]. Elle permettrait d'inciter les condamnés à rester sur le chemin de la légalité afin d'accéder à leur réhabilitation. Cette incitation à la vertu est fidèle à la philosophie du droit pénal actuelle. Elle permet d'influer sur les comportements par la récompense et non par la sentence. Au XVIIIe siècle, M. Lepelletier Saint-Fargeau donnait un conseil en ce sens : « appelons par nos institutions le repentir dans le cœur du coupable ; qu'il puisse revivre à la vertu, en lui laissant l'espérance de revivre à l'honneur ; qu'il puisse cesser d'être méchant par l'intérêt que vous lui offrez d'être bon »[385].

Pour autant, cette incitation ne semble pas suffire à l'attractivité de cette institution. En effet, si des réhabilitations légales sont quotidiennement accordées, tel n'est pas le cas des réhabilitations judiciaires. Or, seules ces dernières doivent être demandées et elles ne l'ont jamais réellement été. Il semble donc intéressant de se demander quelles en sont les causes.

Troisième chapitre — Les causes potentielles d'une réhabilitation judiciaire oubliée

> « La réhabilitation judiciaire apparaît bien constituer un joyau juridique, qu'il nous faut certainement chérir. »[386]
>
> Martine Herzog-Evans

La réhabilitation légale est accordée automatiquement. Ainsi, une personne condamnée peut en bénéficier sans même l'avoir désirée. Tel n'est pas le cas de la réhabilitation judiciaire. Cette dernière doit avoir été demandée. Son faible nombre interroge donc sur l'intérêt réel que portent les condamnés pour cette procédure, voire pour la réhabilitation de manière générale. La réhabilitation judiciaire n'a toujours été que faiblement utilisée. Depuis ses débuts, un questionnement l'accompagne : *pourquoi ne se développe-t-elle pas ?* Différentes réponses semblent possibles. Nous les développerons successivement.

I. Une préférence pour la réhabilitation légale

82. L'avis de la doctrine. Selon Martine Herzog-Evans, le faible nombre de réhabilitations judiciaires est en partie dû à la « gratuité »[387] de sa petite sœur, la réhabilitation légale[388]. En effet, une partie de la doctrine[389] affirme que la naissance de la réhabilitation légale aurait mutilé un grand nombre de procédures d'effacement, pourtant plus en adéquation avec l'incitation à la réinsertion et donc la lutte contre la récidive.

83. L'apport historique. Cependant, en 1852[390], alors même que la réhabilitation légale n'existait pas, le législateur s'étonnait déjà du faible nombre de réhabilitations judiciaires. Il s'efforçait donc, par ses réformes, de simplifier son accès et de « rendre la réhabilitation plus facile »[391]. Un accès facilité à la réhabilitation, comme le permet la réhabilitation légale, ne semble donc pas de fait aller à l'encontre du développement de cette institution.

Si la gratuité de la réhabilitation légale n'a pas toujours été avancée comme cause du faible nombre de réhabilitations judiciaires, en revanche la crainte de l'enquête l'a toujours été.

II. L'historique crainte de l'enquête

84. Une enquête qui inquiète. Il semble légitime d'estimer que la crainte de l'enquête de la réhabilitation judiciaire puisse être, en partie, à l'origine du nombre restreint de requêtes en réhabilitation. Cette crainte est soupçonnée depuis toujours[392]. Certains auteurs du début du XXe siècle affirmaient ainsi que « [m]ieux valait laisser [le] passé s'éteindre dans l'oubli, ou ne pas le révéler à ceux qui l'ignoraient, que d'en raviver le souvenir par l'enquête à laquelle procédaient, sans aucune discrétion, les membres des municipalités, par la comparution en audience publique et la lecture du jugement. »[393]. C'est cette crainte qui a inspiré la création d'une réhabilitation automatique. Les personnes condamnées qui souhaiteraient être réhabilitées discrètement attendraient donc patiemment que la réhabilitation de droit prenne effet.

Cependant, plus que la crainte de l'enquête, la réhabilitation n'intéresse peut-être tout simplement pas face à d'autres procédures plus attrayantes.

III. Une potentielle inutilité

85. Un manque d'intérêt pour les effets pratiques de la réhabilitation. Certains auteurs ont affirmé que la réhabilitation n'attirait pas puisque les condamnés ne se soucieraient pas passionnément, dans les faits, de leurs droits civiques[394]. Ils ne les utiliseraient pas. Si cette affirmation est possible, il semble toutefois réducteur d'en faire l'unique raison du faible nombre de réhabilitations judiciaires.

86. Des effets qui ne peuvent rivaliser avec d'autres procédures. « L'inutilité » pourrait également se trouver dans le fait que d'autres procédures seraient plus attrayantes. C'est le cas, par exemple, des peines prononcées à l'encontre des mineurs. La réhabilitation semble « inutile » puisque ces derniers bénéficient d'autres procédures plus rapidement et aux effets plus larges, comme la suppression du B1[395].

Cependant, si les effets factuels de ces modalités sont plus attrayants, la réhabilitation judiciaire a quant à elle une portée symbolique qui n'a pas d'égal.

IV. Une symbolique insuffisamment convaincante

87. Une symbolique qui n'intéresse pas. Comme nous l'avons développé précédemment[396], l'autorité judiciaire affirme, par la réhabilitation judiciaire, que le condamné entre à nouveau parmi la communauté des personnes qui font le choix de la légalité. La personne a racheté sa faute puis a prouvé qu'elle s'était réinsérée. Elle est à nouveau « digne de confiance ». La réhabilitation judiciaire est la seule procédure française à réaliser une telle déclaration. Mme Herzog-Evans affirme en ce sens qu'elle est un « joyau juridique »[397] puisque le « rituel judiciaire »[398] qu'elle permet est déterminant dans l'arrêt de la délinquance, dans la désistance, selon la criminologie[399]. *Les faibles chiffres de la réhabilitation prouveraient-ils un désintérêt pour le symbolique ? Cette symbolique n'est peut-être pas suffisamment forte ?*

88. Une symbolique qui pâtit du manque de publicité. Comme vu précédemment[400], les décisions de réhabilitation sont rendues en chambre du conseil[401]. La portée symbolique de la réhabilitation qui atteste de la réinsertion est donc amoindrie. L'audience n'étant pas publique, les citoyens n'ont pas l'opportunité d'être informés simplement de cette réhabilitation. Cependant, à une période de forte médiatisation, notamment avec l'avènement des réseaux sociaux, la publicité de la réhabilitation judiciaire et avec elle sa symbolique semblerait utile. En effet, une personne qui aurait été sous le feu des projecteurs lors de sa condamnation pourrait avoir intérêt à ce que l'autorité judiciaire affirme tout aussi publiquement sa réinsertion. Cette dernière aurait ainsi l'opportunité d'avoir le même écho, que sa condamnation.

Certains affirmaient déjà sous la Constituante l'importance de « contrebalancer [...] [la] publicité du châtiment par la publicité de la réhabilitation, non seulement pour en relever le caractère, mais encore pour la faire connaître de tous »[402].

Aujourd'hui encore, certains « criminologues », dont Shadd Maruna, affirment le rôle déterminant de la publicité de cette audience solennelle[403]. Par celle-ci, la société est informée de la réinsertion et le condamné se sent engagé moralement à honorer la confiance qu'on lui donne.

Il semblerait donc intéressant de rendre cette audience publique. Plus encore, il semblerait ajusté de laisser le choix de la publicité ou non de cette dernière. En effet, au XIXe siècle, on affirmait que « ces solennités du baptême civique [...] étaient dangereuses si elles tendaient à humilier le condamné, immorales si elles se proposaient de le glorifier »[404]. Ce dilemme semble toujours d'actualité. Il paraît inhérent à la réhabilitation. Conserver la possibilité de demander que la décision de réhabilitation soit rendue en chambre du conseil permettrait ainsi de s'adapter à la particularité de chaque situation. Et, dans la lignée de la discrétion exigée pendant l'enquête[405], de ne pas révéler le passé délinquant de la personne réhabilitée à des personnes qui n'en auraient pas eu connaissance.

V. Une procédure méconnue

89. Une procédure méconnue de tous. La procédure de réhabilitation judiciaire est méconnue. Elle représente un souvenir lointain de dossiers, voire de cours à l'université, pour les professionnels du droit et est entièrement étrangère aux personnes condamnées. Cela semble incontestablement l'une des grandes difficultés dont pâtit cette procédure. Elle ne peut prospérer si personne ne la connaît.

90. La nécessité d'informer. La réhabilitation est un droit. Or, les personnes qui pourraient en bénéficier ne le connaissent pas. *N'est-ce pas là se priver d'un levier contre la récidive par l'incitation à la vertu ?* Il semble essentiel d'informer les condamnés de cette possibilité qui s'offre à eux.

Au-delà d'une information donnée par les avocats ou par les magistrats à l'audience, une autre mesure semblerait intéressante à mettre en œuvre. Tout comme la possibilité de faire appel est mentionnée dans la notification du jugement, la possibilité d'être réhabilité en cas de réinsertion semblerait trouver sa place à cet endroit. Cela permettrait au condamné d'avoir connaissance de ce droit afin de pouvoir l'exercer.

De plus, la mention de sa possible réhabilitation ferait entendre au « condamné [...] que sa condamnation sous-entend qu'il est un être raisonnable »[406], comme l'affirme Paul Ricœur[407]. Cela pourrait ainsi l'inciter à prendre conscience du choix qui s'offre à lui : il peut continuer sur le chemin de répressions récurrentes ou prendre celui d'une réinsertion pérenne.

VI. Des réinsertions trop rares

L'une des causes du faible nombre de réhabilitations judiciaires pourrait être le faible nombre de réinsertions, notamment en cas de peines privatives de liberté. Deux approches sont alors possibles.

91. Une procédure révélatrice de l'impossible amendement des condamnés. Le faible nombre de réinsertions pourrait être dû à « l'incapacité » des condamnés de s'amender. En 1801, le rapporteur du Code criminel affirmait en ce sens que l'amendement est « [u]ne idée de perfectibilité, rarement applicable aux hommes en général, plus rarement encore aux âmes qui se sont altérées dans le crime, presque chimérique pour celles qui se sont souillées des crimes atroces, ou dont la profonde corruption s'est manifestée par des récidives »[408]. Si cette vision semble aujourd'hui peu nuancée, on comprend ici que la responsabilité de l'absence de réinsertion serait strictement individuelle. Il faudrait donc se résoudre à leur faible nombre factuel.

92. Une procédure révélatrice du manque de moyens permettant l'amendement. Un second point de vue serait d'affirmer que la responsabilité du faible nombre de réinsertions serait collective, sociétale[409]. Certains auteurs ont en effet affirmé que la réhabilitation demeurera impuissante tant que « dans le lieu de sa détention on ne prendra aucun moyen pour donner une meilleure direction à la conduite du condamné »[410]. On observe effectivement que « [l]a prison d'aujourd'hui corrompt ceux qui n'étaient pas corrompus sans guérir ceux qui l'étaient »[411].

Un des leviers de la réhabilitation judiciaire serait donc une politique pénale concrètement et matériellement en faveur de la réinsertion. Il s'agirait de donner les moyens aux condamnés de choisir le chemin de la désistance. Du moins de leur offrir le choix. Puisque la « perte d'attraction des conduites transgressives »[412] n'est pas toujours initiée par l'entourage amical ou familial des condamnés, la société a un rôle à jouer. Il ne s'agit pas d'« éduquer »[413] mais d'offrir le choix d'une autre voie. Parmi les leviers de la réinsertion qu'il serait possible de mettre en place, l'activité professionnelle en détention a longtemps été débattue. Différentes analyses existent. Il s'agit principalement d'appréhender le travail en détention comme l'exploitation d'une main-d'œuvre bon marché ou bien comme le levier ultime de la resocialisation. Il semble opportun de faire le choix de la nuance. Puisque la « pérennisation des sorties de délinquance repose bien souvent sur l'emploi stable »[414], l'emploi en détention est un levier de la réinsertion des condamnés et donc potentiellement de la réhabilitation judiciaire. Cependant, celui-ci se confronte en pratique au plus grand mal de l'incarcération : la surpopulation[415].

VII. Une absence de volonté d'extension de la réhabilitation

93. Un faible nombre de réhabilitations judiciaires que l'on ne veut pas augmenter. Si la réhabilitation est fidèle à la philosophie du droit pénal actuelle, elle est en revanche à contre-courant du mouvement répressif en cours. Cela semble initié par la volonté plus générale de la société civile d'une mémoire plus longue au nom du « devoir de mémoire », et d'une répression plus stricte[416]. De manière générale, l'opinion publique ne croit pas à la désistance des condamnés. Elle ne semble donc pas ouverte à réintégrer les condamnés. Ce qui ne peut que freiner l'expansion d'une telle procédure.

94. Un faible nombre de réhabilitations judiciaires que l'on doit préserver. Si différents leviers semblent exister pour accroître le nombre de réhabilitations judiciaires, il convient de noter que certains auteurs ne sont pas convaincus par l'importance de ce développement. Élargir l'utilisation de la procédure de réhabilitation ne serait, en réalité, pas souhaitable. En effet, Martine Herzog-Evans affirme, en se fondant sur les pionniers et les spécialistes actuels de la notion de désistance[417], que la réhabilitation judiciaire française répond à toutes les exigences de l'important « rituel judiciaire [...] [constatant] l'arrêt de la délinquance ». Qu'elle est en ce sens un « joyau juridique » du point de vue criminologique. Or, même son faible taux d'usage annuel serait à préserver[418]. La criminologie affirme en effet les bénéfices d'« une mesure accordée de manière "hautement exclusive" [...] sur la base de "conditions légales d'une exigence suffisamment élevée" »[419]. Se sentant privilégié, le condamné ferait preuve d'une motivation d'autant plus importante concernant la pérennité de sa désistance. Ce qui, *in fine,* est bien ce que recherche le législateur.

Conclusion

> « [N]e revient-il pas au pardon d'accompagner la justice dans son effort pour éradiquer sur le plan symbolique la composante sacrée de la vengeance ? »[420] ?
>
> Paul Ricœur

95. Une éternelle impasse. La réhabilitation en matière pénale interroge le sens que le législateur français ambitionne de donner à la peine. Cette procédure est à elle seule une philosophie du droit pénal. Si son objectif *théorique* est louable (resocialisation des condamnés, lutte contre la récidive, pardon sociétal, etc.), la *pratique* n'a pour autant jamais été au rendez-vous. Relevant très souvent d'un vague souvenir universitaire pour les professionnels et de l'inconnu pour ceux qui pourraient en tirer profit, cette procédure est depuis toujours dans une impasse.

96. Une impasse théoriquement injustifiée. Pourtant, la réhabilitation répond, par ses conditions, à toutes les craintes que peuvent susciter les modalités d'effacement des condamnations. Elle requiert l'exécution, la réparation du préjudice et l'amendement de la personne condamnée[421].

97. Des exigences hétérogènes. Par ailleurs, les fortes différences procédurales qui existent entre la réhabilitation de droit et la réhabilitation judiciaire interrogent également. On peut se demander s'il est justifié juridiquement, voire philosophiquement « juste », d'en demander davantage au réhabilité judiciaire qu'au réhabilité de droit alors même que leurs effets sont *in fine* identiques.

98. La remise en cause des fondements de la réhabilitation. Ce questionnement théorique est cependant rattrapé par un constat pratique : l'explosion des demandes de B2 et l'état actuel des juridictions rendent nécessaire l'automaticité de la réhabilitation de droit. Cette caractéristique lui a toutefois valu un amalgame avec la « gratuité ». Il convient ainsi de rassurer cette critique : la réhabilitation légale n'est ni gratuite ni facile à obtenir. Beaucoup d'évènements peuvent potentiellement repousser sa réalisation. De plus, les effets de la réhabilitation ont largement été nuancés par de nombreuses exceptions au droit à l'oubli qu'elle incarne.

99. La remise en cause de l'utilité de la réhabilitation. De manière plus générale, deux constats menacent la réhabilitation depuis ses débuts.

En premier lieu, son faible nombre lui a toujours fait défaut. Si cette critique traverse les siècles, la réponse le fait également. En 1885 comme en 2020, les défenseurs de la réhabilitation rétorquent que la pertinence d'un droit ne s'évalue pas à la hauteur du nombre de ses bénéficiaires[422].

Le manque d'espérance de la société civile envers la désistance des condamnés est le second constat qui pèse sur l'existence de la réhabilitation. Par conséquent, elle refuse régulièrement que les condamnés soient à nouveau considérés comme leurs concitoyens. Le comte Berlier répondait déjà à cette réticence au début du XIXe siècle en s'exclamant ainsi : « [o]ffrez-leur donc un appât qui les rende meilleurs. Si cette vue philanthropique et sociale n'est pas exacte envers tous, on ne niera pas du moins qu'elle puisse l'être envers quelques-uns, et cela suffit pour qu'on doive l'admettre »[423].

100. La nécessité de réaffirmer l'importance de l'oubli et du pardon. Le législateur et la société civile s'encouragent mutuellement dans un mouvement de plus en plus répressif. Pour autant, au dénouement de nos développements, notre problématique trouve une réponse claire : la réhabilitation a un sens et un intérêt. La question semble donc désormais celle du choix politique. Revaloriser la place de la réhabilitation, ce « joyau juridique »[424], nécessiterait de faire le choix de la nuance et d'assumer l'importance du « devoir de mémoire » comme du « devoir d'oubli ». Or, assumer de protéger ce dernier exige d'aller à contre-courant d'une société qui s'ancre peu à peu dans la toute-puissance du « devoir de mémoire ». On peut ici convier les mots de Marcel Proust qui nous invite à reconnaître que « l'oubli […] est un […] puissant instrument d'adaptation à la réalité parce qu'il détruit peu à peu en nous le passé survivant qui est en constante contradiction avec elle. »[425].

Bibliographie

I. Codes

- Code d'instruction criminelle de 1808
- Code de commerce
- Code de justice militaire (nouveau)
- Code de l'action sociale et des familles
- Code de la construction et de l'habitation
- Code de la justice pénale des mineurs
- Code de procédure pénale
- Code pénal
- Code pénal du 6 oct. 1791
- Constitution française du 4 oct. 1958
- Ordonnance criminelle de 1670

II. Lois

- Loi du 3 juill. 1852 sur la réhabilitation des condamnés
- Loi dite *Béranger* du 14 août 1885 relative aux moyens de prévenir la récidive
- Loi dite *Béranger* du 26 mars 1891
- Loi n° 70-643 du 17 juill. 1970 tendant à renforcer la garantie des droits individuels des citoyens
- Loi n° 75-624 du 11 juill.1975 modifiant et complétant certaines dispositions de droit pénal

- Loi n° 92-1336 du 16 déc. 1992 relative à l'entrée en vigueur du nouveau Code pénal et à la modification de certaines dispositions de droit pénal et de procédure pénale rendue nécessaire par cette entrée en vigueur
- Loi n° 2004-204 du 9 mars 2004 portant adaptation de la justice aux évolutions de la criminalité
- Loi n° 2005-1549 du 12 déc. 2005 relative au traitement de la récidive des infractions pénales
- Loi n° 2007-297 du 5 mars 2007 relative à la prévention de la délinquance, entrée en vigueur le 7 mars 2008
- Loi n° 2010-242 du 10 mars 2010 tendant à amoindrir le risque de récidive criminelle et portant diverses dispositions de procédure pénale
- Loi n° 2012-409 du 27 mars 2012 de programmation relative à l'exécution des peines
- Loi n° 2014-366 du 24 mars 2014 pour l'accès au logement et un urbanisme rénové
- Loi n° 2015-912 du 24 juillet 2015 relative au renseignement
- Loi n° 2022-140 du 7 févr. 2022 relative à la protection des enfants

III. Ouvrages généraux

- **Barbiche (B.),** *Bibliothèque de l'école des chartes,* 2011, T. 169, livraison 2
- **Beccaria (C.),** *Des délits et des peines*, chap. XLI « Des moyens de prévenir les crimes », 1764
- **Bouloc (B.) et Matsopoulou (H.),** *Droit pénal général et procédure pénale*, Dalloz (Intégral concours), 22e éd., août 2020
- **Commaille (J.),** *À quoi nous sert le droit ?* Gallimard, coll. *Folio essais*, 2015
- **Desportes (F.) et Le Gunehec (F.),** *Droit pénal général*, Economica, éd. 16, 2009, p. 1072
- **Dictionnaire** français Larousse, 2021
- **Dictionnaire** le Petit Robert de la langue française, 2022
- **Hélie (F.)**, *Traité de l'Instruction criminelle*, t. VIII
- **Favre (L.),** *Glossaire du Cange, et al., Glossarium mediae et infimae latinitatis*, 1883-1887, t. 7, col. 102b.
- **Garraud (R.),** *Traité du droit pénal français*, T. II, Sirey, 1914, éd. 3
- **Guinchard (S.) et Debard (T.),** *Lexique des termes juridiques 2021-2022*, Dalloz, éd. 19, 2021, p. 978
- *Justice et vengeance*, colloque organisé par le journal La Croix L'évènement, Le Centurion, 30 avril 1994
- **Ost (F.),** *À quoi sert le droit ? Usages, fonctions, finalités,* Bruylant, coll. *Penser le droit*, 2016
- **Ost (F.),** *Le temps du droit*, nov. 1999, Odile Jacob
- **Plutarque**, *Les Vies des hommes illustres, grecs et romains, comparées l'une avec l'autre*, traduit du grec par J. Amyot et Michel de Vascosan, 1559, 54 C

- **Proust (M.),** *À la recherche du temps perdu*, 1918
- **Ricœur (P.),** *Le Juste*, Esprit, 1995

IV. Thèses, Mémoires et ouvrages spéciaux

- **Allinne (J-P.) et Soula (M.) (dir.),** *Les récidivistes. Représentations et traitements de la récidive, XIXe-XXIe siècle*, Presses universitaires de Rennes, 2011
- **Appleton (J.),** *La réforme des casiers judiciaires*, L. Larose et Forcel, 1893
- **Bébin (X.),** *Pourquoi punir ? L'approche utilitariste de la sanction pénale*, L'Harmattan, 2006
- **Bonnassieux (A.),** *Essai sur le casier judiciaire et la réhabilitation de plein droit : étude de la loi du 5 août 1899*, Thèse 1900
- **Bouloc (B.)**, *Droit de l'exécution des sanctions pénales*, Dalloz, éd. 6, oct. 2020
- **Bregeault (J.) et Delagarde (L.),** *Traité théorique et pratique de la réhabilitation des condamnés : Commentaire du titre III de la loi du 14 août 1885*, Marchal et Billard, 1886
- **Danet (J.), Grunvald (S.), Herzog-Evans (M.), Le Gall (Y.),** *Prescription, amnistie et grâce en France*, Dalloz, 2008

- **Dieu (E.)** (dir.), *Les innovations criminologiques*, L'Harmattan, 2017
- **Fassin (D.),** *Punir, une passion contemporaine*, Points Essais, 2017
- **Hardouin-Le Goff (C.),** *L'oubli de l'infraction*, Thèse, 2008
- **Lair (A-E.),** *Thèse pour le doctorat*, 1859
- **Lalande (P.),** *Punir ou réhabiliter les contrevenants ? Du « Nothing Works » au « What Works » (Montée, déclin et retour de l'idéal de réhabilitation) in* Lalande (P.) et Lamalice (O.), *La sévérité pénale à l'heure du populisme*, Ministère de la Sécurité publique (Québec), 2006.
- **Maruna (S.),** *Making Good. How Ex-Convicts Reform and Rebuild their Lives*, American Psychological Association, 2001
- **Marwan (M.),** *Les sorties de délinquance — Théories, méthodes, enquêtes*, 2012
- **Paulet (C.),** *La défaillance du condamné dans l'exécution de sa peine assortie d'un sursis*, Mémoire, 2021
- **Poncela (P.),** *Droit de la peine*, PUF, Coll.Thémis, 2001, éd. 2

- **Remongin (S.),** *Les décisions de réhabilitation et de relèvement, du pardon à la réinsertion*, Mémoire, dir. M. Herzog-Evans, 2005
- **Reutenauer (P.),** *De la réhabilitation en matière pénale et disciplinaire*, Hachette Livre, 1900
- **Ruopoli-Cayet (S.),** *Bonneville de Marsangy, un pionnier de la science criminelle moderne*, L'Harmattan, 2002, p. 634.
- **Salas (D.),** *La volonté de punir — Essai sur le populisme pénal*, Hachette Pluriel Reference, 2010
- **Sarraute (P.),** *Traité théorique et pratique de la réhabilitation des condamnés en matière criminelle, correctionnelle et disciplinaire*, L. Larose et Forcel, 1884, p. 61
- **Schmitz (J.)** (dir.), *Le droit à la réinsertion des personnes détenues*, Coll. Colloques & Essais, 2017
- **Thomas (F.),** *Du châtiment et de la réhabilitation, réformes pénales et pénitentiaires*, Librairie de la Société des gens de lettres, 1873
- **Tzutzuiano (C.),** *L'effectivité de la sanction pénale*, Thèse, 2015
- **Varaut (J-M.),** *La prison pour quoi faire ?*, la Table Ronde, 1972

V. Articles

- **Abad (R.),** « La Grâce du roi. Les lettres de clémence de la Grande Chancellerie au XVIIIe siècle », Presses de l'Université Paris-Sorbonne, 2011
- **Ancel (M.)**, *L'humanisme et le droit*, Bulletin de l'Association Guillaume Budé, juill. 1947, n° 3
- **Bailleux (A.) et Ost. (F.),** « Droit, contexte et interdisciplinarité : refondation d'une démarche », Revue interdisciplinaire d'études juridiques, vol. 70, n° 1, 2013
- **Ban public Association pour la communication sur les prisons et l'incarcération en Europe,** « Le droit à l'oubli », 11 mars 2012, disponible sur : http://prison.eu.org/IMG/pdf/droitaloubli.pdf
- **Bouloc (B.),** « Abus de biens sociaux », Dalloz, RTD com., 2006. 497
- **Bouloc (B.),** « Interdiction de prendre en compte une condamnation ayant donné lieu à réhabilitation », RSC 1996. 650
- **Bouloc (B.),** « Utilisation des fonds d'une société inactive au profit d'une pseudo-association », Dalloz, Rev. sociétés, 2006. 155

- **Braunschweig (A.),** « CONDAMNATION FIGURANT AU CASIER JUDICIAIRE. Condamnations réhabilitées. Prise en considération » ; Dalloz, RSC 1992. 780
- **Bureau des affaires juridiques,** *La réhabilitation*, 28 janv. 2010
- **Capelier (F.),** « La loi n° 2022-140 du 7 févr. 2022 relative à la protection des enfants, commentée article par article », AJ fam. 2022. 139, 13 mars 2022
- **Centre de recherche en droit économique 1 de l'Université de Nice-Sophia Antipolis,** « Le droit économique aujourd'hui », Recueil Dalloz, 17 juin 2010
- **Coltel (A.),** « Le pardon ou l'oubli ? La réhabilitation judiciaire en France sous la IIIe République : le cas d'Angers, Crime, Histoire & Sociétés », vol. 11, n° 2, 2007
- **Commission nationale consultative des droits de l'homme,** Annexes « Réflexions sur le sens de la peine », 24 janv. 2002, disponible sur : http://prison.eu.org/IMG/pdf/CNCDH_annexes.pdf

- **Deumier (P.),** « QPC — QPC et procédures (1er oct. 2019-30 sept. 2020) », LexisNexis. Procédures n° 1, janv. 2021
- **Dominati (M.),** « Quelle motivation pour la réhabilitation judiciaire ? », Dalloz actualité, 2 oct. 2023
- **Falxa (J.),** « L'impossible réhabilitation de l'interdit définitif du territoire français », AJ Pénal, 2018. 210
- **Fonteix (C.),** « Instrument de l'infraction : non-restitution après non-confiscation », Dalloz actualité, 19 mai 2022
- **Fournier (A.),** « La réhabilitation réhabilitée par le nouveau Code pénal », D. 1997. 321
- **Goetz (D.),** « Réhabilitation judiciaire : à quelles conditions ? », Dalloz actualité, 17 janv. 2020
- **Goetz (D.),** « Réhabilitation judiciaire et interdiction définitive du territoire français : le mariage de la carpe et du lapin », Dalloz actualité, 12 mars 2018
- **Grunvald (S.),** « Casier judiciaire et effacement des sanctions : quelle mémoire pour la justice pénale ? », AJ Pénal 2007, p. 416

- **Herzog-Evans (M.),** « De l'importance du rituel judiciaire dans le constat de l'arrêt de la délinquance », AJ Pénal 2010, p. 457
- **Herzog-Evans (M.),** « *Définir la désistance et en comprendre l'utilité pour la France* », AJ Pénal 2010, p. 366
- **Herzog-Evans (M.),** « Effacement mérité : la réhabilitation judiciaire », Dalloz action Droit de l'exécution des peines, 2016, chap. 1023
- **Herzog-Evans (M.),** « Judicial *rehabilitation in France: Helping with the desisting process and acknowledging achieved desistance »,* European Journal of Probation, janv. 2011, vol. 3, n° 1
- **Herzog-Evans (M.),** « La loi relative à la prévention de la délinquance et à l'exécution des peines », MD. 2007. Chron. 2174
- **Herzog-Evans (M.),** « Le sens de l'effacement de la peine », AJ Pénal 2007, p. 412
- **Herzog-Evans (M.),** « Pas d'aggravation de la peine du fait de condamnations réhabilitées figurant au bulletin n° 1 », AJ Pénal 2010. 89
- **Herzog-Evans (M.),** « Réinsertion, désistance, probation : comment sortir de la délinquance ? », 23 déc. 2012, Le Point

- **Laurent (B.),** « Impossible réhabilitation judiciaire de l'étranger condamné, à titre de peine principale, à l'interdiction définitive du territoire français », D. 2018. 1711
- **Lazerges (C.),** « De la fonction déclarative de la loi pénale », Rev. sc. crim. 2004
- **Le Borgne (J-Y.),** « Peines plancher : se méfierait-on des juges ? », Le Figaro, 14 oct. 2007
- **Leloir (G.),** « De la réhabilitation, examen critique du titre 3, loi du 14 août 1885 », France judiciaire, tome 10, 1885-1886
- **Léna (M.),** « Pas de prise en compte d'une condamnation réhabilitée dans la fixation d'une nouvelle peine », Dalloz actualité, 5 janv. 2010
- **Lorho (G.),** « La réhabilitation lave-t-elle toujours aussi blanc ? », RSC 1998, p.824
- **Matsopoulou (H.),** « L'oubli en droit pénal », *in* Mélanges B. Bouloc, éd. Dalloz, nov. 2006, p. 771
- **Ministère de la Justice (Direction des affaires criminelles et des grâces),** « La réhabilitation », juin 2017
- **Ost (F.),** « Questions méthodologiques à propos de la recherche interdisciplinaire en droit », Revue interdisciplinaire d'études juridiques, 1971, vol. 6

- **Ponseille (A.),** « La peine et le temps », 2007, Pédone « Archives de politique criminelle », n° 29, p. 69
- **Taché (P.), Zimmermann (H.) et Brisson (G.),** « Pratiquer l'interdisciplinarité en droit : l'exemple d'une étude empirique sur les services de placement », Les Cahiers de droit, vol. 52, n° 3-4, sept-déc. 2011
- **Vareille (B.),** « Le pardon du juge répressif », 1988, Dalloz, RSC, p. 691
- **Vitu (A.),** « Les effets de la réhabilitation », RSC 1992, p. 310
- **Vouin (R.),** « La réhabilitation. Son principe et ses effets », Revue de droit pénal et de criminologie, 1953-1954, p. 699-708
- **Winckelmuller (F.),** « Poids des condamnations réhabilitées sur le montant de l'amende prononcée », Dalloz actualité, 12 juill. 2013

VI. <u>Encyclopédies et répertoires</u>

- **Giacopelli (M.) et Gallardo (E.),** « Casier judiciaire », Répertoire de droit pénal et de procédure pénale, sept. 2016
- **Herzog-Evans (M.),** « Réhabilitation », Répertoire de droit pénal et de procédure pénale, Dalloz, avril 2008, actualisé en mars 2018

- **Lorho (G.),** « Art. 782 à 798-1 — Fasc. 20 : réhabilitation des condamnés », JCl. Procédure pénale, 1er févr. 2008, mis à jour le 5 nov. 2020
- **PY (B.),** « Amnistie — Conditions de l'amnistie », Répertoire de droit pénal et de procédure pénale, sept. 2020
- **Robert (J-H.),** « Fasc. 20 Récidive et réitération », JCl. Pénal Code, Art. 132-8 à 132-16-7, 15 nov. 2021
- **Tillet (E.),** « Histoire des doctrines pénales », Dalloz, Répertoire de droit pénal et de procédure pénale, juin 2002

VII. **Documents et articles publiés sur internet**

- **Allinne (J-P.),** « Une société qui refuse d'oublier. Les techniques d'oubli malmenées, ou la défaite de Chronos », Histoire de la justice, 2018/1, n° 28, p. 75
  In https://www.cairn.info/revue-histoire-de-la-justice-2018-1-page-75.htm?contenu=resume

- **Baader (M.) et Shea (E.),** « Le travail pénitentiaire, un outil efficace de lutte contre la récidive ? », vol. IV, 2007
  In https://journals.openedition.org/champpenal/684

- **Conseil constitutionnel,** Commentaire Décision n° 2019-827 QPC du 28 févr. 2020, M. Gérard F.
  In https://www.conseil-constitutionnel.fr/sites/default/files/as/root/bank_mm/ decisions/2019827qpc/2019827qpc_ccc.pdf

- **Cour européenne des droits de l'homme,** « Rejet d'une affaire de hooliganisme portant sur la double incrimination », Communiqué de presse, CEDH Serazin c/Croatie, 8 nov. 2018, n° 19120/15

- **Cour européenne des droits de l'homme,** Guide sur l'art. 7 de la Convention européenne des droits de l'homme
In
https://www.echr.coe.int/Documents/Guide_Art_7_FRA.pdf

- **Dubourg (E)**, « Les instruments d'évaluation des risques de récidive, du jugement professionnel non structuré aux outils actuariels », Criminocorpus, 6/2016

- **Kensey (A.),** *Que sait-on de la situation socioéconomique des sortants de prison ? in* Revue du MAUSS 2012/2 (n° 40), p. 147
In https://www.cairn.info/revue-du-mauss-2012-2-page-147.htm)

- **La Petite République,** « Paris, 31 mars 1891. Une loi nouvelle », n° 5466, 1er avril 1891
In https://www.retronews.fr/journal/la-petite-republique/01-avril-1891/667/1636981/1

- **Ministère de l'Intérieur,** « Fichier des auteurs d'infractions sexuelles ou violentes (Fijais) », Direction de l'information légale et administrative (Premier ministre), 12 mai 2021
In
https://www.demarches.interieur.gouv.fr/particulie

rs/fichier-auteurs-infractions-sexuelles-violentes-fijais

- **Ministère de l'Intérieur,** « Fichier des auteurs d'infractions terroristes (Fijait) », Direction de l'information légale et administrative (Premier ministre), 06 sep. 2021
  In https://www.demarches.interieur.gouv.fr/particuliers/fichier-auteurs-infractions-terroristes-fijait

- **Ministère de la Justice,** Observatoire de la récidive et de la désistance
  In http://www.justice.gouv.fr/prison-et-reinsertion-10036/observatoire-de-la-recidive-et-de-la-desistance-12918/

- **Mohammed (M.),** « La discrimination en raison du casier judiciaire ne protège pas la société », 19 mai 2021
  In https://www.marwanmohammed.net/blog-1

- **Références Statistiques Justice,** publiées le 13 janv. 2022
  In http://www.justice.gouv.fr/statistiques-10054/references-statistiques-justice-12837/references-statistiques-justice-34256.html

- **Sanchez (J-L.),** *Histoire de la criminologie. Autour des Archives d'anthropologie criminelle 1886-1914*, 1er janv. 2005
  In https://journals.openedition.org/criminocorpus/132

- **Service public.fr,** « L'amende est une sanction pénale qui consiste à payer une somme d'argent au

Trésor public. Le montant dépend de la gravité de l'infraction »
In https://www.service-public.fr/particuliers/vosdroits/F32803

- **Service-casier-judiciaire.fr,** « Effacement du casier judiciaire »
In https://www.service-casier-judiciaire.fr/effacer/

- **Vanneste (C.),** « Pauvreté, précarité et prison : des liens de proximité inéluctables ? », Spécificités 2014/1 (n° 6), p. 202
In https://www.cairn.info/revue-specificites-2014-1-page-202.htm

VIII. Colloques et vidéos

- **Bonnald (Q.),** *Réparer les auteurs. La dangereuse confrontation à l'altérité, in REPAIR : Violences sexuelles Changer les représentations, repenser les prises en charge*, colloque international organisé par les universités Jean Moulin Lyon 3 et Lumière Lyon 2, en partenariat avec les laboratoires Passages XX-XXI et EDIEC, 3, 4 et 5 mars 2022

- **Conseil constitutionnel,** Audience du 4 févr. 2020 de la QPC n° 2019-827

Index de la jurisprudence citée

(Classement par ordre chronologique)

I. <u>Arrêts de la Cour européenne des droits de l'homme</u>

- CEDH, Hangl c/Autriche, 20 mars 2001, n° 38716/97
- CEDH, *Bouchacourt c/France*, 17 déc. 2009, n° 5335/06
- CEDH, *M. B. c/ France*, 17 déc. 2009, n° 22115/06
- CEDH, *Gardel c/France*, 17 déc. 2009, n° 16428/05
- CEDH, Serazin c/Croatie, 8 nov. 2018, n° 19120/15

II. <u>Décisions du Conseil constitutionnel</u>

- Conseil Const., décision n° 2013-319, QPC, 7 juin 2013
- Conseil Const., décision n° 2015/501, QPC, 27 nov. 2015
- Conseil Const., décision n° 2019-827 QPC, 28 févr. 2020

III. <u>Arrêts de la Cour de cassation</u>

- Crim. 22 avril 1909
- Crim. 8 janv. 1942

- Crim. 6 nov. 1947, Bull. crim. n° 217
- Crim. 21 févr. 1952
- Crim. 12 févr. 1963, n° 62-90.725, Bull. crim. 1963 n° 72
- Crim. 20 févr. 1973, n° 72-91.270, Bull. crim. n° 84
- Crim. 16 oct. 1974, n° 73-91.238, Bull. crim. n° 295
- Crim. 10 déc. 1975, n° 74-91.203, Bull. crim. n° 275
- Crim. 17 juill. 1976, Bull. crim. n° 258
- Crim. 21 nov. 1989, n° 89-85.128, Bull. crim. n° 433
- Crim. 14 nov. 1991, n° 90-82.969, Bull. crim. n° 413
- Crim. 6 juill. 1994, n° 93-80.505, Bull. crim. n° 268
- Crim. 8 nov. 1995, n° 95-81.306, Bull. crim. n° 343
- Crim. 12 déc. 1996, n° 96-81.252, Inédit
- Crim. 23 juin 2004, n° 03-87.647, Inédit
- Crim. 19 oct. 2005, n° 05-81.799, Bull. crim. n° 261
- Crim. 10 nov. 2009, n° 09-82.368, Bull. crim. n° 189
- Crim. 19 mai 2010, n° 09-85.929, Inédit
- Crim. 28 mai 2013, n° 12-81.468, Bull. crim. n° 118
- Crim. 11 juill. 2017, n° 16-86.423, Inédit
- Crim. 17 janv. 2018, n° 17-80.402
- Crim. 28 févr. 2018, n° 16-84.441, Bull. crim. 2018 n° 2
- Crim. 7 janv. 2020, n° 19-80.839, Bull. crim. 2020 n° 1
- Crim. 9 mars 2022, n° 21-81.904
- Crim. 30 mars 2022, n° 21-82.427, Bull. crim. 2022 n° 3
- Crim. 8 nov. 2022, n° 21-86.096
- Crim. 6 sept. 2023, n° 23-80.643

IV. <u>Décision du Conseil d'État</u>

- Conseil d'État, 2e-7e chambres réunies, 21 décembre 2021, n° 447231

Table des matières

Notes de fin

[1] Maître de conférences ; assesseur près le Doyen de la Faculté de Droit en charge de la vie culturelle et étudiante

[2] Professeure des universités ; co-directrice de l'Equipe Louis Josserand ; responsable du Master Culture judiciaire ; directrice scientifique du Recueil Dalloz ; membre du Collège de déontologie des magistrats de l'ordre judiciaire

[4] C. Beccaria, *Des délits et des peines*, chap. XLI « Des moyens de prévenir les crimes », 1764

[5] Conseiller pénitentiaire d'insertion et de probation ; la mission principale du « personnel d'insertion et de probation (…) est d'assurer la réinsertion sociale des personnes condamnées » *in* S. Guinchard et T. Debard, *Lexique des termes juridiques 2021-2022*, Dalloz, ed. 19, 2021, p. 978

[6] Jargon fréquemment utilisé par les détenus

[7] « La discrimination en raison du casier judiciaire ne protège pas la société », M. Mohammed, disponible sur : https://www.marwanmohammed.net/blog-1

[8] On peut parler indifféremment de « requête en réhabilitation » ou de « demande de réhabilitation » ; En ce sens : C. Tzutzuiano, *L'effectivité de la sanction pénale*, Thèse, 2015

[9] Art. L252-1 du Code de la construction et de l'habitation ; « *Contrat par lequel un organisme d'habitation à loyer modéré ou une société d'économie mixte dont l'objet est de donner à bail des logements s'engage à réaliser des travaux d'amélioration sur l'immeuble du bailleur, en vue de le sous- louer à un usage d'habitation pendant la durée du bail (12 ans). Le preneur est titulaire d'un droit réel qui est sujet à hypothèque et à saisie immobilière.* » (S. Guinchard et T. Debard, *Lexique des termes juridiques 2021-2022*, Dalloz, ed. 19, 2021, p. 118).

[10] Art. L653-11 du Code de commerce ; « *système permettant de relever un débiteur, qui a été déclaré en état de cessation des paiements, des déchéances découlant d'une faillite personnelle ou de l'interdiction de*

diriger, gérer, administrer une entreprise commerciale ; cette réhabilitation peut être de droit ou facultative. » (S. Guinchard et T. Debard, 2021, *Op. cit.*, p. 902).

[11] P. Reutenauer, *De la réhabilitation en matière pénale et disciplinaire*, Hachette Livre, 1900, p. 1

[12] « Art. 782 à 798-1 - Fasc. 20 : réhabilitation des condamnés », G. Lorho, JCl. Procédure pénale, 1er févr. 2008, mis à jour le 5 nov. 2020, §1

[13] Crim. 12 fév. 1963, n° 62-90.725, Bull. crim. 1963, n° 72 ; Dans le même sens : Crim. 16 oct. 1974, n° 73-91.238, Bull. crim. n° 295 ; Crim. 10 déc. 1975, n° 74-91.203, Bull. crim. n° 275 ; Crim. 11 juill. 2017, n° 16-86.423, Inédit; Crim. 7 janv. 2020, n° 19-80.839, Bull. crim. 2020 n° 1 ; Crim. 9 mars 2022, n° 21-81.904

[14] Notamment en ce qui concerne les effets de la réhabilitation

[15]Dans le même sens : G. Lorho, 1er févr. 2008, *Op. cit.*, §7.

[16] J. Danet, S. Grunvald, M. Herzog-Evans, Y. Le Gall, *Prescription, amnistie et grâce en France*, Dalloz, 2008, p. 3

[17] Art. 622 et suiv. du CPP

[18] Art. 133-9 et suiv. du CPP

[19] Art. 133-7 et suiv. du CPP ; R. Vouin, *La réhabilitation. Son principe et ses effets*, Revue de droit pénal et de criminologie, 1953-1954, p. 699-708

[20] Art. 17 de la Constitution française du 4 oct. 1958

[21] V. *infra* **§6 et suiv.**

[22] Art. 132-21 du Code pénal ; art. 702-1 et suiv. du CPP ; 712-22 du CPP

[23] Art. 775-2 du CPP

[24] Art. 43 de la loi n° 2007-297 du 5 mars 2007 relative à la prévention de la délinquance, entrée en vigueur le 7 mars 2008

[25] J. Danet, S. Grunvald, M. Herzog-Evans, Y. Le Gall, *Prescription, amnistie et grâce en France*, Dalloz, 2008, p. 3 ; les auteurs ajoutent à ces deux phases de la procédure pénale la « phase préparatoire », dont fait partie la prescription.

[26] « Réhabilitation judiciaire : à quelles conditions ? », D. Goetz, Dalloz actualité, 17 janv. 2020

[27] P. Sarraute, *Traité théorique et pratique de la réhabilitation des condamnés en matière criminelle, correctionnelle et disciplinaire*, L. Larose et Forcel, 1884, p. 61

[28] Plutarque, *Les Vies des hommes illustres, grecs et romains, comparées l'une avec l'autre*, traduit du grec par J. Amyot et M. de Vascosan, 1559, 54 C ; *Contra.* : J. Bregeault et L. Delagarde, *Traité théorique et pratique de la réhabilitation des condamnés : Commentaire du Titre III de la Loi Du 14 Août 1885*, Marchal et Billard, 1886, p. 11, disponible sur http://data.decalog.net/enap1/Liens/fonds/F16C53.pdf

[29] L. Favre, *Glossaire du Cange, et al., Glossarium mediae et infimae latinitatis*, 1883-1887, t. 7, col. 102b., disponible sur http://ducange.enc.sorbonne.fr/REHABILITARE

[30] R. Garraud, *Traité du droit pénal français*, T. II, Sirey, ed. 3, 1914, §772 ; S. Remongin, *Les décisions de réhabilitation et de relèvement, du pardon à la réinsertion*, Mémoire Master 2, Nantes, 2005, dir. M. Herzog-Evans, 2005

[31] A-E. Lair, *Thèse pour le doctorat*, 1859, p. 70, disponible sur https://gallica.bnf.fr/ark:/12148/bpt6k56572688; « La Grâce du roi. Les lettres de clémence de la Grande Chancellerie au XVIIIème siècle », R. Abad, Presses de l'Université Paris-Sorbonne, 2011 *in* B. Barbiche, *Bibliothèque de l'école des chartes,* 2011, T. 169, livraison 2, p. 628

[32] Ord. criminelle de 1670 *in* P. Reutenauer, *De la réhabilitation en matière pénale et disciplinaire*, Hachette Livre, 1900, p. 107

[33] Art. 13 du titre VII du Code pénal du 6 oct. 1791

[34] *Contra* : « La Grâce du roi. Les lettres de clémence de la Grande Chancellerie au XVIIIème siècle », R. Abad, Presses de l'Université Paris-Sorbonne, 2011 *in* B. Barbiche, *Bibliothèque de l'école des chartes,* 2011, T. 169, livraison 2. p. 628

[35] Art. 1 de la Première partie du Titre VII du Code pénal du 25 sept. 1791 ; P. Poncela (dir.), *Droit de la peine*, Presses Universitaires de France, « Thémis », 2001, p. 424

[36] J-P. Allinne, « Une société qui refuse d'oublier. Les techniques d'oubli malmenées, ou la défaite de Chronos », Histoire de la justice, 2018/1, n° 28, p. 75

[37] Propos de J-B. Treilhard *in* P. Reutenauer, 1900, *Op. cit.*, p. 82

[38] Art. 619 à 634, Chapitre IV, Titre VII, Livre II du Code d'instruction criminelle de 1808

[39] P. Reutenauer, 1900, *Op. cit.*, p. 87

[40] Loi dite *Béranger* du 14 août 1885 relative aux moyens de prévenir la récidive ; P. Reutenauer, 1900, *Op. cit.*, p. 114 ; « Art. 782 à 798-1 -

Fasc. 20 : réhabilitation des condamnés », G. Lorho, JCl. Procédure pénale, 1er févr. 2008, mis à jour le 5 nov. 2020, §2
[41] Loi dite *Béranger* du 26 mars 1891 ; P. Reutenauer, 1900, *Op. cit.*, p. 118
[42] G. Lorho, 1er févr. 2008, *Op. cit.*, §2
[43] En ce sens : P. Reutenauer, 1900, *Op. cit.*, p. 117 et suiv.
[44] R. Garraud, *Traité du droit pénal français*, T. II, Sirey, 1914, ed. 3, §771 et suiv.
[45] Loi n° 2007-297 du 5 mars 2007 relative à la prévention de la délinquance, entrée en vigueur le 7 mars 2008
[46] Crim. 30 mars 2022, n° 21-82.427, Bull. crim. 2022 n° 3 ; « Instrument de l'infraction : non-restitution après non-confiscation », C. Fonteix, Dalloz actualité, 19 mai 2022
[47] Crim. 8 novembre 2022, n° 21-86.096
[48] Pour les personnes morales : art. 133-14 du Code pénal
[49] Loi n° 92-1336 du 16 déc. 1992 relative à l'entrée en vigueur du nouveau Code pénal et à la modification de certaines dispositions de droit pénal et de procédure pénale rendue nécessaire par cette entrée en vigueur
[50] G. Lorho, 1er févr. 2008, *Op. cit.*, §9 ; dans le même sens : « Réhabilitation », M. Herzog-Evans, Répertoire de droit pénal et de procédure pénale, Dalloz, avril 2008, actualisé en mars 2018, §75
[51] Trois ans à compter du jour où la décision est devenue définitive
[52] « Réhabilitation », M. Herzog-Evans, Répertoire de droit pénal et de procédure pénale, Dalloz, avril 2008, actualisé en mars 2018, §75
[53] L266-1 du Code de justice militaire (nouveau)
[54] F. Thomas, *Du châtiment et de la réhabilitation, réformes pénales et pénitentiaires*, Librairie de la Société des gens de lettres, 1873, p. VIII-240
[55] V. *infra* **§82 et suiv.**
[56] J. Danet, S. Grunvald, M. Herzog-Evans, Y. Le Gall, *Prescription, amnistie et grâce en France*, Dalloz, 2008, p. 5
[57] Respect de l'anonymat demandé par le juriste en question
[58] F. Ost, *À quoi sert le droit ? Usages, fonctions, finalités,* Bruylant, coll. *Penser le droit*, 2016, p. 10
[59] Comp. : J. Commaille, *À quoi nous sert le droit ?* Gallimard, coll. *Folio essais*, 2015
[60] « Questions méthodologiques à propos de la recherche interdisciplinaire en droit », F. Ost, Revue interdisciplinaire d'études juridiques, 1971, vol. 6, p. 1

[61] « Le droit économique aujourd'hui », Centre de recherche en droit économique 1 de l'Université de Nice-Sophia Antipolis, D., 17 juin 2010, p. 1440

[62] « Pratiquer l'interdisciplinarité en droit : l'exemple d'une étude empirique sur les services de placement », P. Taché, H. Zimmermann et G. Brisson, Les Cahiers de droit, vol. 52, n° 3-4, sept–déc. 2011, p. 519 et suiv.

[63] Comp : F. Ost, 1971, *Op. cit.*, p. 1

[64] « Droit, contexte et interdisciplinarité : refondation d'une démarche », A. Bailleux et F. Ost., Revue interdisciplinaire d'études juridiques, vol. 70, n° 1, 2013, p. 25

[65] « *Judicial rehabilitation in France : Helping with the desisting process and acknowledging achieved desistance* », M. Herzog-Evans, European Journal of Probation, janv. 2011, vol. 3, n° 1, p. 4 ; en ce sens : « Effacement mérité : la réhabilitation judiciaire », M. Herzog-Evans, Dalloz action Droit de l'exécution des peines, 2016, chap. 1023, §06

[66] « Casier judiciaire », Répertoire de droit pénal et de procédure pénale, M. Giacopelli et E. Gallardo, sept. 2016, §70

[67] P. Reutenauer, *De la réhabilitation en matière pénale et disciplinaire*, Hachette Livre, 1900, p. 5

[68] *Ibid.*, p. 66

[69] Art. 133-9 et suiv. du Code pénal

[70] Comp. : « De l'importance du rituel judiciaire dans le constat de l'arrêt de la délinquance », M. Herzog-Evans, AJ Pénal 2010, p. 457 ; « L'oubli en droit pénal », H. Matsopoulou, *in* Mélanges B. Bouloc, Dalloz, nov. 2006, p. 771

[71] Par renvoi des art. 133-16 du Code pénal et 783 du CPP

[72] Sauf en cas de remise

[73] Art. 788 du CPP

[74] Art. 788 du CPP

[75] V. *infra* **§63**

[76] V. *infra* **§58 et suiv.**

[77] Art. 133-13 du Code pénal

[78] Comp. : « Casier judiciaire », Répertoire de droit pénal et de procédure pénale, M. Giacopelli et E. Gallardo, sept. 2016, §70 ; « Le droit à l'oubli », Ban public Association pour la communication sur les prisons et l'incarcération en Europe, 11 mars 2012, disponible sur : http://prison.eu.org/IMG/pdf/droitaloubli.pdf

[79] En ce sens : Annexes « Réflexions sur le sens de la peine », Commission nationale consultative des droits de l'homme, 24 janv. 2002, disponible sur : http://prison.eu.org/IMG/pdf/CNCDH_annexes.pdf; Comp. : « L'oubli en droit pénal », H. Matsopoulou, *in* Mélanges B. Bouloc, éd. Dalloz, nov. 2006, p. 771

[80] Pour les « peines prononcées pour une contravention » (art. 133-4 du Code pénal)

[81] Pour les « peines prononcées pour un délit » (art. 133-3 du Code pénal)

[82] Pour les « peines prononcées pour un crime » (art. 133-2 du Code pénal)

[83] Comp. : M. Giacopelli et E. Gallardo, sept. 2016, *Op. cit.*, §70

[84] Ban public, 11 mars 2012, *Op. cit.*

[85] Art. 133-17 du Code pénal

[86] « Réhabilitation », M. Herzog-Evans, Répertoire de droit pénal et de procédure pénale, Dalloz, avril 2008, actualisé en mars 2018, §33

[87] Art. 619 du Code d'instruction criminelle de 1808 ; P. Reutenauer, De la réhabilitation en matière pénale et disciplinaire, Hachette Livre, 1900, p. 90

[88] Comp. : M. Giacopelli et E. Gallardo, sept. 2016, *Op. cit.*, §70

[89] Art. 789 du CPP

[90] M. Herzog-Evans, avril 2008, *Op. cit.*, §89 ; J. Danet, S. Grunvald, M. Herzog-Evans, Y. Le Gall, *Prescription, amnistie et grâce en France*, Dalloz, 2008.

[91] V. *infra* **§30**

[92] Art. 133-12 du Code pénal et art. 782 du CPP

[93] Art. 468 du CPP

[94] Art. 469-1 du CPP

[95] Art. 782 du CPP

[96] Art. 768, 769 et 775 du CPP

[97] En ce sens : « Art. 782 à 798-1 - Fasc. 20 : réhabilitation des condamnés », G. Lorho, JCl. Procédure pénale, 1er févr. 2008, mis à jour le 5 lenov. 2020, §14 ; M. Herzog-Evans, avril 2008, *Op. cit.*, §70

[98] V. *infra* **§34 et suiv.** ; Crim. 28 févr. 2018, n° 16-84.441, Bull. crim. 2018 n° 2 ; « Réhabilitation judiciaire et interdiction définitive du territoire français : le mariage de la carpe et du lapin », D. Goetz, Dalloz actualité, 12 mars 2018 ; « L'impossible réhabilitation de l'interdit définitif du territoire français », J. Falxa, AJ Pénal, 2018. 210 ; « Impossible réhabilitation judiciaire de l'étranger condamné, à titre de

peine principale, à l'interdiction définitive du territoire français », B. Laurent, D. 2018. 1711

[99] Crim. 28 févr. 2018, n° 16-84.441, Bull. crim. 2018 n° 2 ; D. Goetz, 12 mars 2018, *Op. cit.*, ; J. Falxa, 2018, *Op. cit.*, ; B. Laurent, 2018, *Op. cit.*

[100] Ainsi que le relèvement ; Art. 702-1 du CPP ; Dans le même sens : B. Laurent, 2018., *Op. cit.*

[101] Loi n° 2012-409 du 27 mars 2012 ; Art. 133-16 du Code pénal ; Comp. : « Casier judiciaire », Répertoire de droit pénal et de procédure pénale, M. Giacopelli et E. Gallardo, sept. 2016, §75

[102] Conseil Const., décision n° 2015/501, QPC, 27 nov. 2015

[103] Question prioritaire de constitutionnalité

[104] Conseil Const., décision n° 2015/501, QPC, 27 nov. 2015

[105] Conseil Const., décision n° 2013-319, QPC, 7 juin 2013

[106] Conseil Const., décision n° 2019-827 QPC, 28 fév. 2020 ; « QPC - QPC et procédures (1er oct. 2019 – 30 sept. 2020) », P. Deumier, LexisNexis. Procédures n° 1, janv. 2021, §7

[107] V. *infra* **§24 et suiv.**

[108] P. Deumier, janv. 2021, *Op. cit.*

[109] « Réhabilitation », M. Herzog-Evans, Répertoire de droit pénal et de procédure pénale, Dalloz, avril 2008, actualisé en mars 2018, §83

[110] https://www.service-casier-judiciaire.fr/effacer/

[111] Comp. : *«* De la fonction déclarative de la loi pénale *»,* C. Lazerges, Rev. sc. crim. 2004, p. 194

[112] V. *supra* **§7** ; « Casier judiciaire », Répertoire de droit pénal et de procédure pénale, M. Giacopelli et E. Gallardo, sept. 2016, §70

[113] Art. 133-13 1° du Code pénal

[114] « *L'amende est une sanction pénale qui consiste à payer une somme d'argent au Trésor public. Le montant dépend de la gravité de l'infraction.* » (disponible sur : https://www.service-public.fr/particuliers/vosdroits/F32803)

[115] Art. 131-5 du Code pénal : « (…) la juridiction peut prononcer une peine de jours-amende consistant pour le condamné à verser au Trésor une somme dont le montant global résulte de la fixation par le juge d'une contribution quotidienne pendant un certain nombre de jours ».

[116] Art. 131-25 du Code pénal

[117] Art. 133-13 du Code pénal

[118] Art. 133-13 du Code pénal

[119] Art. 133-16-1 du Code pénal (loi n° 2012-409 du 27 mars 2012)

[120] Art. 133-15 du Code pénal

[121] V. *infra* **§32**
[122] « Réhabilitation », M. Herzog-Evans, Répertoire de droit pénal et de procédure pénale, Dalloz, avril 2008, actualisé en mars 2018
[123] P. Reutenauer, *De la réhabilitation en matière pénale et disciplinaire*, Hachette Livre, 1900, p. 78
[124] Loi n° 2007-297 du 5 mars 2007 relative à la prévention de la délinquance, entrée en vigueur le 7 mars 2008
[125] Art. 133-13 du Code pénal : « *Lorsqu'il s'agit de condamnations assorties en tout ou partie du sursis, du sursis probatoire ou du sursis avec obligation d'accomplir un travail d'intérêt général, les délais de réhabilitation courent, pour chacune de ces condamnations et y compris en cas de condamnations multiples, à compter de la date à laquelle la condamnation est non avenue.* »
[126] Comp. : « Casier judiciaire », Répertoire de droit pénal et de procédure pénale, M. Giacopelli et E. Gallardo, sept. 2016, §76
[127] Loi n° 2007-297 du 5 mars 2007 relative à la prévention de la délinquance, entrée en vigueur le 7 mars 2008
[128] « La réhabilitation lave-t-elle toujours aussi blanc ? », G. Lorho, RSC 1998, p. 824 ; M. Herzog-Evans, avril 2008, *Op. cit.*, §68
[129] Art. 133-13 du Code pénal
[130] Comp. : « Fasc. 20 Récidive et réitération », J-H. Robert, JCl. Pénal Code, Art. 132-8 à 132-16-7, 15 nov. 2021, §1
[131] Dans le même sens : « Le sens de l'effacement de la peine », M. Herzog-Evans, AJ Pénal 2007, p. 412
[132] Dans le même sens : *Ibid.* ; Comp. : J-H. Robert, *Op. cit.*
[133] Art. 132-16-7 du Code pénal : « Il y a réitération d'infractions pénales lorsqu'une personne a déjà été condamnée définitivement pour un crime ou un délit et commet une nouvelle infraction qui ne répond pas aux conditions de la récidive légale. » ; *Comp* : J-H. Robert, 15 nov. 2021, *Op. cit.*
[134] « depuis sans doute (…) [la loi] du 9 mars 2004 portant adaptation de la justice aux évolutions de la criminalité » *in* « La peine et le temps », A. Ponseille, 2007, Pédone « Archives de politique criminelle », n° 29, p. 69
[135] G. Lorho, 1er févr. 2008, *Op. cit.*, §6 ; dans le même sens : « La loi relative à la prévention de la délinquance et à l'exécution des peines », M. Herzog-Evans, D. 2007. Chron. 2174
[136] P. Reutenauer, *De la réhabilitation en matière pénale et disciplinaire*, Hachette Livre, 1900, p. 103

[137] J-L. Halpérin, *La doctrine pénaliste et la récidive au XIXe siècle in* J-P. Allinne et M. Soula (dir.), *Les récidivistes. Représentations et traitements de la récidive, XIXe-XXIe siècle*, Presses universitaires de Rennes, 2011, p. 87

[138] En ce sens : E. Berger, *La législation relative à la récidive criminelle sous la Révolution et le Consulat (1791-1801) in* J-P. Allinne et M. Soula (dir.), 2011, *Op. cit.*, p. 121

[139] *Ibid.*

[140] Comp. : « Réhabilitation », M. Herzog-Evans, Répertoire de droit pénal et de procédure pénale, Dalloz, avril 2008, actualisé en mars 2018, §85

[141] « *Définir la désistance et en comprendre l'utilité pour la France* », M. Herzog-Evans, AJ Pénal 2010, p. 366

[142] G. Lorho, 1er févr. 2008, *Op. cit.* ; M. Herzog-Evans, avril 2008, *Op. cit.*, §93

[143] V. *infra* **§38 et suiv.**

[144] Art. 786 du CPP

[145] Art. 787 du CPP

[146] Art. 786 du CPP

[147] Crim. 22 avril 1909 *in* M. Herzog-Evans, avril 2008, *Op. cit.*, §84

[148] V. *infra* **§35**

[149] Art. 787 du CPP

[150] Art. 787 du CPP

[151] V. *supra* **§23**

[152] Comp. : S. Ruopoli-Cayet, *Bonneville de Marsangy, un pionnier de la science criminelle moderne*, L'Harmattan, 2002, p. 634.

[153] P. Reutenauer, *De la réhabilitation en matière pénale et disciplinaire*, Hachette Livre, 1900, p. 85 ; dans le même sens : observations de Berlier sur l'art. 641 à la séance du 24 sept. 1808 du Conseil.

[154] Loi du 3 juill. 1852 sur la réhabilitation des condamnés

[155] Loi dite *Béranger* du 14 août 1885 relative aux moyens de prévenir la récidive

[156] P. Reutenauer, 1900, *Op. cit.*, p. 114

[157] M. Herzog-Evans, avril 2008, *Op. cit.*, §85

[158] Crim. 22 avril 1909 *in* M. Herzog-Evans, avril 2008, *Op. cit.*, §85

[159] V. *infra* **§23**

[160] Comp. : « Fasc. 20 Récidive et réitération », J-H. Robert, JCl. Pénal Code, Art. 132-8 à 132-16-7, 15 nov. 2021

[161] V. *infra* **§23**

[162] Art. 634, §3 du Code d'instruction criminelle de 1808
[163] Art. 789 du CPP
[164] V. *supra* **§9**
[165] Comp. : « Casier judiciaire et effacement des sanctions : quelle mémoire pour la justice pénale ? », S. Grunvald, AJ Pénal 2007, p. 416
[166] P. Reutenauer, *De la réhabilitation en matière pénale et disciplinaire*, Hachette Livre, 1900, p. 75
[167] « La réhabilitation », ministère de la Justice (Direction des affaires criminelles et des grâces), juin 2017
[168] P. Reutenauer, 1900, *Op. cit.*, p. 66
[169] *Ibid*, p. 75
[170] Art. 133-13 du Code pénal
[171] Comp. « La peine et le temps », A. Ponseille, 2007, Pédone « Archives de politique criminelle », n° 29
[172] V. *infra* **§32**
[173] Art. 787 du CPP
[174] Art. 132-23-1 du Code pénal : *«* Pour l'application du présent code et du code de procédure pénale, les condamnations prononcées par les juridictions pénales d'un État membre de l'Union européenne sont prises en compte dans les mêmes conditions que les condamnations prononcées par les juridictions pénales françaises et produisent les mêmes effets juridiques que ces condamnations » (Loi n° 2010-242 du 10 mars 2010, art. 17-I, entrée en vigueur des dispositions applicables en matière de réhabilitation le 1er avril 2012)
[175] Art. 132-23-1 du Code pénal
[176] Comp. A. Ponseille, 2007, *Op. cit.*
[177] La réhabilitation légale est régie par le Code pénal
[178] Art. 783 du CPP
[179] Art. 133-12 du Code pénal et art. 782 du CPP
[180] Loi n° 2010-242 du 10 mars 2010, art. 17-I, entrée en vigueur des dispositions applicables en matière de réhabilitation le 1er avril 2012
[181] Art. 132-23-1 du CPP et suiv. du Code pénal ; Art. 133-16-1 du Code pénal
[182] Comp. : « Casier judiciaire », Répertoire de droit pénal et de procédure pénale, M. Giacopelli et E. Gallardo, sept. 2016, §78
[183] Art. 785 du CPP
[184] Art. 785 du CPP
[185] La réhabilitation du condamné décédé peut être demandée par ses proches depuis l'ord. n° 45-1791 du 13 août 1945 concernant le casier judiciaire et la réhabilitation (art. 2). Cette ouverture était en débat

depuis 1852 (P. Reutenauer, *De la réhabilitation en matière pénale et disciplinaire*, Hachette Livre, 1900, p. 98).
[186] « Réhabilitation », M. Herzog-Evans, Répertoire de droit pénal et de procédure pénale, Dalloz, avril 2008, actualisé en mars 2018, §80
[187] V. *supra* **§12**
[188] Conseil Const., décision n° 2019-827 QPC, 28 fév. 2020 ; « QPC - QPC et procédures (1er oct. 2019 – 30 sept. 2020) », P. Deumier, LexisNexis. Procédures n° 1, janv. 2021, §7
[189] V. *infra* **§24 et suiv.**
[190] Art. 790 du CPP
[191] Art. 790 du CPP
[192] Art. 790 du CPP
[193] Art. 782 du CPP
[194] Art. 785 du CPP
[195]Art. 132-23-1 du Code pénal : « Pour l'application du présent code et du code de procédure pénale, les condamnations prononcées par les juridictions pénales d'un État membre de l'Union européenne sont prises en compte dans les mêmes conditions que les condamnations prononcées par les juridictions pénales françaises et produisent les mêmes effets juridiques que ces condamnations » (Loi n° 2010-242 du 10 mars 2010, art. 17-I, entrée en vigueur des dispositions applicables en matière de réhabilitation le 1er avril 2012) ; V. *supra* **§32**
[196] Art. 791 et 792 du CPP
[197] En ce sens : « Réhabilitation judiciaire : à quelles conditions ? », D. Goetz, Dalloz actualité, 17 janv. 2020 ; M. Herzog-Evans, avril 2008, *Op. cit.*, §105
[198] En ce sens : la désistance « n'est certaine que lorsque la personne est décédée » *in* « De l'importance du rituel judiciaire dans le constat de l'arrêt de la délinquance », M. Herzog-Evans, AJ Pénal 2010, p. 457
[199] En ce sens : M. Herzog-Evans, avril 2008, *Op. cit.*, §104
[200] Uniquement exigé concernant les personnes condamnées ayant prescrit leur peine (art. 787 du CPP)
[201] Art. 791 et 792 du CPP
[202] Art. 790 du CPP
[203] Art. 791 du CPP
[204] Crim. 12 févr. 1963, n° 62-90.725, Bull. crim. n° 72 ; Crim. 16 oct. 1974, n° 73-91.238, Bull. crim. n° 295 ; Crim. 10 déc. 1975, n° 74-91.203, Bull. crim. n° 275 ; Crim. 7 janv. 2020, n° 19-80.839, Bull.

crim. 2020 n° 1 ; « Réhabilitation judiciaire : à quelles conditions ? », D. Goetz, Dalloz actualité, 17 janv. 2020

[205] Crim. 20 févr. 1973, n° 72-91.270, Bull. crim. n° 84 ; Crim. 12 déc. 1996, n° 96-81.252, inédit

[206] Art. 787 du CPP : « Les condamnés contradictoirement, les condamnés par contumace ou par défaut, qui ont prescrit contre l'exécution de la peine, sont tenus, outre les conditions qui vont être énoncées, de justifier qu'ils n'ont encouru, pendant les délais de la prescription, aucune condamnation pour faits qualifiés crimes ou délits et qu'ils ont eu une conduite irréprochable. »

[207] Comp : M. Herzog-Evans, avril 2008, *Op. cit.*, §103

[208] « Réinsertion, désistance, probation : comment sortir de la délinquance ? », M. Herzog-Evans, 23 déc. 2012, Le Point

[209] *Ibid.*

[210] En ce sens : M. Herzog-Evans, avril 2008, *Op. cit.*, §105

[211] En ce sens : « Réhabilitation judiciaire : à quelles conditions ? », D. Goetz, Dalloz actualité, 17 janv. 2020 ; Comp. : « Le sens de l'effacement de la peine », M. Herzog-Evans, AJ Pénal 2007, p. 412 ; « *Définir la désistance et en comprendre l'utilité pour la France* », M. Herzog-Evans, AJ Pénal 2010, p. 366

[212] Art. 791 du CPP : « Le procureur de la République s'entoure de tous renseignements utiles aux différents lieux où le condamné a pu séjourner ».

[213] S. Remongin, *Les décisions de réhabilitation et de relèvement, du pardon à la réinsertion*, Mémoire Master 2, Nantes, 2005, dir. M. Herzog-Evans, 2005

[214] F. lHélie, *Traité de l'Instruction criminelle*, t. VIII, p. 583 *in* P. Reutenauer, *De la réhabilitation en matière pénale et disciplinaire*, Hachette Livre, 1900, p. 99

[215] V. *infra* **§84**

[216] « Réhabilitation », M. Herzog-Evans, Répertoire de droit pénal et de procédure pénale, Dalloz, avril 2008, actualisé en mars 2018, §116

[217] Art. 794 du CPP

[218] Art. 793 du CPP

[219] Art. 794 du CPP

[220] Crim. 6 juill. 1994, n° 93-80.505, Bull. crim. n° 268 *;* M. Herzog-Evans, avril 2008, *Op. cit.*, §118 ; « De l'importance du rituel judiciaire dans le constat de l'arrêt de la délinquance », M. Herzog-Evans, AJ Pénal 2010, p. 457

[221] En ce sens : M. Herzog-Evans, avril 2008, *Op. cit.*, §118

[222] V. *infra* **§43**
[223] Crim. 6 nov. 1947, Bull. crim. n° 217; Crim. 21 févr. 1952 *in* « Effacement mérité : la réhabilitation judiciaire », M. Herzog-Evans, Dalloz action Droit de l'exécution des peines, 2016, chap. 1023, §06 ; Crim. 20 févr. 1973, n° 72-91.270, Bull. crim. n° 84 ; Crim. 23 juin 2004, n° 03-87.647, inédit
[224] Art. 793 du CPP
[225] Crim. 6 nov. 1947, Bull. crim. n° 217 ; Crim. 21 févr. 1952 *in* « Effacement mérité : la réhabilitation judiciaire », M. Herzog-Evans, Dalloz action Droit de l'exécution des peines, 2016, chap. 1023, §06 ; Crim. 20 févr. 1973, n° 72-91.270, Bull. crim. n° 84 ; Crim. 23 juin 2004, n° 03-87.647, inédit
[226] Crim. 20 févr. 1973, n° 72-91.270, Bull. crim. n° 84
[227] Crim. 7 janv. 2020, n° 19-80.839, Bull. crim. 2020 n° 1
[228] Crim. 6 sept. 2023, n° 23-80.643, F-B ; « Quelle motivation pour la réhabilitation judiciaire ? », M. Dominati, Dalloz actualité, 2 oct. 2023
[229] Crim. 6 sept. 2023, n° 23-80.643, F-B ; « Quelle motivation pour la réhabilitation judiciaire ? », M. Dominati, Dalloz actualité, 2 oct. 2023
[230] *La* réhabilitation, Bureau des affaires juridiques, 28 janv. 2010
[231] Art. 794 du CPP
[232] Art. 795 et 796 du CPP
[233] P. Reutenauer, *De la réhabilitation en matière pénale et disciplinaire*, Hachette Livre, 1900, p. 100
[234] Art. 797 du CPP
[235] Art. 798-1 du CPP
[236] V. *infra* **§70**
[237] V. *infra* **§50**
[238] S. Remongin, 2005, *Op. cit.*
[239] « *Paris, 31 mars 1891. Une loi nouvelle* », La Petite République, n° 5466, 1 avril 1891, disponible sur : https://www.retronews.fr/journal/la-petite-republique/01-avril-1891/667/1636981/1; P. Reutenauer, 1900, *Op. cit.*, p. 117
[240] *Ibid.*
[241] P. Reutenauer, 1900, *Op. cit.*, p. 117
[242] *Ibid.*, p. 118
[243] « Art. 782 à 798-1 - Fasc. 20 : réhabilitation des condamnés », G. Lorho, JCl. Procédure pénale, 1er févr. 2008, mis à jour le 5 nov. 2020, §2

[244] Art. R70 du CPP : « Les fiches du casier judiciaire national automatisé sont effacées dans les cas suivants : 1° Au décès du titulaire de la fiche (…) »
[245] Le condamné centenaire voit automatiquement ses peines effacées à son anniversaire (Art. R70 du CPP).
[246] Art. 775-2 du CPP
[247] Art. 769 du CPP
[248] « Réhabilitation **»,** M. Herzog-Evans**,** Répertoire de droit pénal et de procédure pénale**,** Dalloz, avril 2008, actualisé en mars 2018, §83 ; « Le sens de l'effacement de la peine », M. Herzog-Evans, AJ Pénal 2007, p. 412
[249] « La loi relative à la prévention de la délinquance et à l'exécution des peines », M. Herzog-Evans, D. 2007. Chron. 2174 ; Dans le même sens : « Le droit à l'oubli », Ban public Association pour la communication sur les prisons et l'incarcération en Europe, 11 mars 2012, disponible sur : http://prison.eu.org/IMG/pdf/droitaloubli.pdf
[250] « De l'importance du rituel judiciaire dans le constat de l'arrêt de la délinquance », M. Herzog-Evans, AJ Pénal 2010, p. 457 ; Ban public, 11 mars 2012, *Op. cit.*
[251] Comp. : « Casier judiciaire et effacement des sanctions : quelle mémoire pour la justice pénale ? », S. Grunvald, AJ Pénal 2007, p. 416
[252] V. *supra* **§38 et suiv.**
[253] V. *supra* **§32**
[254] Art. 133-13 du Code pénal
[255] Terme intégré dans le Code pénal par la loi n° 2005-1549 du 12 déc. 2005 relative au traitement de la récidive des infractions pénales ; art. 132-16-7 du Code pénal : « Il y a réitération d'infractions pénales lorsqu'une personne a déjà été condamnée définitivement pour un crime ou un délit et commet une nouvelle infraction qui ne répond pas aux conditions de la récidive légale. » ; Comp. : « Fasc. 20 Récidive et réitération », J-H. Robert, JCl. Pénal Code, Art. 132-8 à 132-16-7, 15 nov. 2021
[256] En 2020, 27% de réitérants et 11 à 15% de récidivistes selon les données chiffrées du ministère de la Justice, *Références Statistiques Justice*, publiées le 13 janv. 2022, disponible sur : http://www.justice.gouv.fr/statistiques-10054/references-statistiques-justice-12837/references-statistiques-justice-34256.html
[257] M. Marwan, *Les sorties de délinquance - Théories, méthodes, enquêtes*, 2012
[258] M. Herzog-Evans, avril 2008, *Op. cit.*, §85

[259] V. *supra* **§32**
[260] V. *infra* **§57**
[261] Recommandation R(84) 10 du comité des ministres du conseil de l'Europe, 21 juin 1984, 10 *in* Ban public, 11 mars 2012, *Op. cit.*
[262] B. Bouloc et H. Matsopoulou , *Droit pénal général et procédure pénale*, Dalloz (Intégral concours), 22e éd., août 2020, V. *supra* **§33 et suiv.**
[263] J. Danet, S. Grunvald, M. Herzog-Evans, Y. Le Gall, *Prescription, amnistie et grâce en France*, Dalloz, 2008, p. 363
[264] Crim. 19 mai 2010, n° 09-85.929, Inédit ; « De l'importance du rituel judiciaire dans le constat de l'arrêt de la délinquance », M. Herzog-Evans, AJ Pénal 2010, p. 457
[265] En ce sens : Audition de M. Ezratty *in* Annexes « Réflexions sur le sens de la peine », Commission nationale consultative des droits de l'homme, 24 janv. 2002, disponible sur : http://prison.eu.org/IMG/pdf/CNCDH_annexes.pdf
[266] Contra. : « Le sens de l'effacement de la peine », M. Herzog-Evans, AJ Pénal 2007, p. 412
[267] Crim. 30 mars 2022, n° 21-82.427, Bull. crim. 2022, n° 3 ; « Instrument de l'infraction : non-restitution après non-confiscation », C. Fonteix, Dalloz actualité, 19 mai 2022
[268] Crim. 30 mars 2022, n° 21-82.427, Bull. crim. 2022, n° 3
[269] S. Remongin, *Les décisions de réhabilitation et de relèvement, du pardon à la réinsertion*, Mémoire Master 2, Nantes, 2005, dir. M. Herzog-Evans, 2005, p. 59
[270] P. Ricœur, « Sanction, réhabilitation, pardon » *in Justice et vengeance*, colloque organisé par le journal La Croix L'évènement, Le Centurion, 30 avril 1994, p. 100
[271] E. Dubourg, « Les instruments d'évaluation des risques de récidive, du jugement professionnel non structuré aux outils actuariels », Criminocorpus, 6/2016
[272] V. *infra* **§63 et suiv.**
[273] V. *supra* **§50**
[274] Comp. : « la période post-sentencielle porte en elle un enjeu politique » *in* « La loi relative à la prévention de la délinquance et à l'exécution des peines », M. Herzog-Evans, D. 2007. Chron. 2174
[275] S. Remongin, 2005, *Op. cit.*
[276] V. *supra* **§24 et suiv.**
[277] V. *supra* **§38 et suiv.**

[278] Comp. : « Histoire des doctrines pénales », E. Tillet, Dalloz, Répertoire de droit pénal et de procédure pénale, juin 2002 ; Comp. : « Peines plancher : se méfierait-on des juges ? », J-Y. Le Borgne, Le Figaro, 14 oct. 2007

[279] Comp. : « Casier judiciaire », Répertoire de droit pénal et de procédure pénale, M. Giacopelli et E. Gallardo, sept. 2016, §73

[280] Comp. : « Casier judiciaire et effacement des sanctions : quelle mémoire pour la justice pénale ? », S. Grunvald, AJ Pénal 2007, p. 416

[281] F. Ost, *Le temps du droit*, nov. 1999, Odile Jacob, p.52 ; Dans le même sens : « La peine et le temps », A. Ponseille, 2007, Pédone « Archives de politique criminelle », n° 29, p. 69

[282] Art. 783 du CPP

[283] Peine régie par l'art. 131-36-1 du Code pénal

[284] Peine régie par l'art. 227-29 du Code pénal

[285] Art. 133-16 du Code pénal

[286] Art. 133-16 du Code pénal ; Comp. : « Casier judiciaire », Répertoire de droit pénal et de procédure pénale, M. Giacopelli et E. Gallardo, sept. 2016, §75

[287] Art. 131-36-1 du Code pénal

[288] Les fonctions de la peine sont affirmées par l'art. 130-1 du Code pénal

[289] En ce sens : « La réhabilitation lave-t-elle toujours aussi blanc ? », G. Lorho, RSC 1998, p. 824

[290] Art. 783 du CPP

[291] V. *infra* **§38**

[292] Comp. A. Ponseille, 2007, *Op. cit.*, p. 69 ; Comp. : Crim. 7 janv. 2020, n° 19-80.839, Bull. crim. 2020 n° 1

[293] A. Ponseille, 2007, *Op. cit.*, p. 69

[294] S. Remongin, *Les décisions de réhabilitation et de relèvement, du pardon à la réinsertion*, Mémoire Master 2, Nantes, 2005, dir. M. Herzog-Evans, p. 12 ; « Le droit à l'oubli », Ban public Association pour la communication sur les prisons et l'incarcération en Europe, 11 mars 2012, disponible sur : http://prison.eu.org/IMG/pdf/droitaloubli.pdf

[295] F. Ost, *Le temps du droit*, nov. 1999, Odile Jacob, p.63

[296] « Le pardon du juge représsif », B. Vareille, 1988, Dalloz, RSC, p. 691 ; En ce sens : C. Hardouin-Le Goff, *L'oubli de l'infraction*, Thèse, 2008 ; En ce sens : « L'oubli en droit pénal », H. Matsopoulou, *in* Mélanges B. Bouloc, éd. Dalloz, nov. 2006, p. 771 ; Comp. : « Sanction, réhabilitation, pardon » *in* P. Ricœur, *Le juste,* Esprit, 1995,

p. 207 ; « Le pardon ou l'oubli ? La réhabilitation judiciaire en France sous la IIIe République : le cas d'Angers », A. Coltel, 2007, Crime, Histoire & Sociétés, vol. 11, n° 2, p. 89-106

[297] S. Remongin, 2005, *Op. cit.*, p. 12

[298] « Casier judiciaire et effacement des sanctions : quelle mémoire pour la justice pénale ? », S. Grunvald, AJ Pénal 2007, p. 416

[299] B. Vareille, 1988, *Op. cit.*

[300] « La réhabilitation lave-t-elle toujours aussi blanc ? », G. Lorho, RSC 1998, p. 824

[301] « La peine et le temps », A. Ponseille, 2007, Pédone « Archives de politique criminelle », n° 29, p. 69

[302] Art. 133-16 du Code pénal ; art. 783 du CPP

[303] S. Remongin, 2005, *Op. cit.*

[304] En ce sens : P. Ricœur, 1995, *Op. cit.*, p. 203

[305] S. Remongin, 2005, *Op. cit.*, p. 58

[306] P. Reutenauer, De la réhabilitation en matière pénale et disciplinaire, Hachette Livre, 1900, p. 78

[307] *Ibid.*

[308] Conseil d'État, 2ème - 7ème chambres réunies, 21 déc. 2021, n°447231

[309] Art. 21-27 du Code civil

[310] Art. R53-8-35 du CPP

[311] Art. 798 du CPP

[312] *Ibid.*

[313] « Réhabilitation judiciaire : à quelles conditions ? », D. Goetz, Dalloz actualité, 17 janv. 2020

[314] *Références Statistiques Justice*, publiées le 13 janv. 2022, disponible sur : http://www.justice.gouv.fr/statistiques-10054/references-statistiques-justice-12837/references-statistiques-justice-34256.html

[315] V. *supra* **§50**

[316] « De l'importance du rituel judiciaire dans le constat de l'arrêt de la délinquance », M. Herzog-Evans, AJ Pénal 2010, p. 457 ; « Le droit à l'oubli », Ban public Association pour la communication sur les prisons et l'incarcération en Europe, 11 mars 2012, disponible sur : http://prison.eu.org/IMG/pdf/droitaloubli.pdf

[317] Loi n° 2007-297 du 5 mars 2007 relative à la prévention de la délinquance, entrée en vigueur le 7 mars 2008

[318] Loi n° 92-1336 du 16 déc. 1992 relative à l'entrée en vigueur du nouveau code pénal et à la modification de certaines dispositions de droit pénal et de procédure pénale rendue nécessaire par cette entrée en

vigueur ; En ce sens : « La peine et le temps », A. Ponseille, 2007, Pédone « Archives de politique criminelle », n° 29, p. 69

[319] V. *supra* **§50 et suiv.**

[320] Art. 774 du CPP

[321] Crim. 10 nov. 2009, n° 09-82.368, Bull. crim n° 189 ; « Pas d'aggravation de la peine du fait de condamnations réhabilitées figurant au bulletin n° 1 », M. Herzog-Evans, AJ Pénal 2010. 89 ; « Pas de prise en compte d'une condamnation réhabilitée dans la fixation d'une nouvelle peine », M. Léna, Dalloz actualité, 5 janv. 2010

[322] Art. 133-16 du Code pénal

[323] E. Berger *La législation relative à la récidive criminelle sous la Révolution et le Consulat (1791-1801) in* J-P. Allinne et M. Soula (dir.), *Les récidivistes. Représentations et traitements de la récidive, XIXe-XXIe siècle*, Presses universitaires de Rennes, 2011, p. 121

[324] « Fasc. 20 Récidive et réitération », J-H. Robert, JCl. Pénal Code, Art. 132-8 à 132-16-7, 15 nov. 2021, §13

[325] Art. 798 du CPP

[326] Art. 798-1 du CPP

[327] « Réhabilitation », M. Herzog-Evans, Répertoire de droit pénal et de procédure pénale, Dalloz, avril 2008, actualisé en mars 2018, §127

[328] *La réhabilitation*, Bureau des affaires juridiques, 28 janv. 2010 ; Comp. : M. Herzog-Evans, avril 2008, *Op. cit.*, §72

[329] Loi n° 2004-204 du 9 mars 2004 portant adaptation de la justice aux évolutions de la criminalité

[330] Loi n° 2015-912 du 24 juillet 2015 relative au renseignement

[331] Art. 706-53-4 et suiv. du CPP

[332] Art. 706-25-3 et suiv. du CPP

[333] CEDH, *Bouchacourt c/ France*, 17 déc. 2009, n° 5335/06 ; CEDH, *M. B. c/ France*, 17 déc. 2009, n° 22115/06 ; CEDH, *Gardel c/ France*, 17 déc. 2009, n° 16428/05 ; Guide sur l'art. 7 de la Convention européenne des droits de l'homme disponible sur : https://www.echr.coe.int/Documents/Guide_Art_7_FRA.pdf

[334]CEDH, Serazin c/ Croatie, 8 nov. 2018, n° 19120/15 *in* Crim. 30 mars 2022, n° 21-82.427, Bull. crim. 2022, n° 3 ; CEDH, Hangl c/ Autriche, 20 mars 2001, n° 38716/97

[335] Comp. : « Rejet d'une affaire de hooliganisme portant sur la double incrimination », Communiqué de presse *in* CEDH, Serazin c/ Croatie, 8 nov. 2018, n° 19120/15

[336] « Fichier des auteurs d'infractions sexuelles ou violentes (Fijais) », Direction de l'information légale et administrative (Premier ministre),

12 mai 2021, disponible sur : https://www.demarches.interieur.gouv.fr/particuliers/fichier-auteurs-infractions-sexuelles-violentes-fijais

337 « Fichier des auteurs d'infractions terroristes (Fijait) », Direction de l'information légale et administrative (Premier ministre), 06 sep. 2021, disponible sur : https://www.demarches.interieur.gouv.fr/particuliers/fichier-auteurs-infractions-terroristes-fijait

338 Comp. : CEDH, Hangl c/ Autriche, 20 mars 2001, n° 38716/97

339 Art. 783 du CPP ; Art. 133-16 du Code pénal

340 Art. 133-11 du Code pénal

341 Art. 133-11 du Code pénal

342 Loi n° 2007-297 du 5 mars 2007 relative à la prévention de la délinquance, entrée en vigueur le 7 mars 2008

343 M. Herzog-Evans, avril 2008, *Op. cit.*, §134

344 « La loi relative à la prévention de la délinquance et à l'exécution des peines », M. Herzog-Evans, D. 2007. Chron. 2174

345 Comp. : « Les effets de la réhabilitation », A. Vitu, RSC 1992. 310

346 Crim. 17 janvier 2018, n° 17-80.402

347 Crim. 8 nov. 1995, n° 95-81.306, Bull. n° 343 ; « La réhabilitation réhabilitée par le nouveau Code pénal », A. Fournier, D. 1997. 321 ; « Interdiction de prendre en compte une condamnation ayant donné lieu à réhabilitation », B. Bouloc, RSC 1996. 650 ; Crim. 19 oct. 2005, n° 05-81.799, n° 261 ; « Utilisation des fonds d'une société inactive au profit d'une pseudo-association », B. Bouloc, Dalloz, Rev. sociétés, 2006. 155, « Abus de biens sociaux », B. Bouloc, Dalloz, RTD com., 2006. 497

348 « Art. 782 à 798-1 - Fasc. 20 : réhabilitation des condamnés », G. Lorho, JCl. Procédure pénale, 1er févr. 2008, mis à jour le 5 nov. 2020, §6

349 M. Herzog-Evans, avril 2008, *Op. cit.*, §58

350 Crim. 21 nov. 1989, n° 89-85.128, Bull. crim. n° 433 ; Crim. 17 juill. 1976, Bull. crim. n° 258 ; « L'interdiction de faire état d'une condamnation effacée par la réhabilitation : omission, lors de la lecture de l'arrêt de renvoi, de cette mention » ; J. Pradel, D. 1990. 225 ; Crim. 14 nov. 1991, n° 90-82.969, Bull. crim. n° 413 ; « CONDAMNATION FIGURANT AU CASIER JUDICIAIRE. Condamnations réhabilitées. Prise en considération » ; A. Braunschweig, Dalloz, RSC 1992. 780

351 Crim. 10 nov. 2009, n° 09-82.368, Bull. crim n° 189 ; « Pas d'aggravation de la peine du fait de condamnations réhabilitées figurant

au bulletin n° 1 », M. Herzog-Evans, AJ Pénal 2010. 89 ; « Pas de prise en compte d'une condamnation réhabilitée dans la fixation d'une nouvelle peine », M. Léna, Dalloz actualité, 5 janv. 2010

[352] Crim. 28 mai 2013, n° 12-81.468, Bull. crim. n° 118 ; « Poids des condamnations réhabilitées sur le montant de l'amende prononcée », F. Winckelmuller, Dalloz actualité, 12 juill. 2013

[353] « Poids des condamnations réhabilitées sur le montant de l'amende prononcée », F. Winckelmuller, Dalloz actualité, 12 juill. 2013

[354] Crim. 30 mars 2022, n° 21-82.427, Bull. crim. 2022, n° 3 ; « Instrument de l'infraction : non-restitution après non-confiscation », C. Fonteix, Dalloz actualité, 19 mai 2022

[355] M. Léna, 5 janv. 2010, *Op. cit.*

[356] Crim. 8 janv. 1942 *in* A. Vitu, 1992, *Op. cit.*

[357] A. Vitu, 1992, *Op. cit.*

[358] *Ibid.*

[359] « Amnistie – Conditions de l'amnistie », B. PY, Répertoire de droit pénal et de procédure pénale, sept. 2020, §216

[360] « L'oubli en droit pénal », H. Matsopoulou, *in* Mélanges B. Bouloc, éd. Dalloz, nov. 2006, p. 771

[361] Art. 706-53-7 du CPP

[362] V. *supra* **§76**

[363] Loi n° 2022-140 du 7 févr. 2022 relative à la protection des enfants

[364] Art. L. 133-6 du Code de l'action sociale et des familles ; En ce sens : « La loi n° 2022-140 du 7 févr. 2022 relative à la protection des enfants, commentée article par article », F. Capelier, AJ fam. 2022. 139, 13 mars 2022

[365] Art. 706-53-10 du CPP

[366] Art. 706-25-12 du CPP

[367] Plaidoirie de Maître Éric Dupont-Moretti au cours de l'audience de QPC du 4 févr. 2020

[368] *Ibid.*

[369] « Le sens de l'effacement de la peine », M. Herzog-Evans, AJ Pénal 2007, p. 412

[370] A-E. Lair, *Thèse pour le doctorat*, 1859, p. 70, disponible sur https://gallica.bnf.fr/ark:/12148/bpt6k56572688 ; « Réhabilitation », M. Herzog-Evans, Répertoire de droit pénal et de procédure pénale, Dalloz, avril 2008, actualisé en mars 2018, §80 ; « Le droit à l'oubli », Ban public Association pour la communication sur les prisons et l'incarcération en Europe, 11 mars 2012, disponible sur :

http://prison.eu.org/IMG/pdf/droitaloubli.pdf; F. Desportes et F. Le Gunehec, *Droit pénal général*, Economica, ed. 16, 2009, p. 1072

[371] A-E. Lair, *Thèse pour le doctorat*, 1859, p. 70, disponible sur https://gallica.bnf.fr/ark:/12148/bpt6k56572688 ; M. Herzog-Evans, avril 2008, *Op. cit.*, §80 ; Ban public, 11 mars 2012, *Op. cit.*

[372] S. Remongin, *Les décisions de réhabilitation et de relèvement, du pardon à la réinsertion*, Mémoire Master 2, Nantes, 2005, dir. M. Herzog-Evans, 2005, p. 58

[373] J. Danet, S. Grunvald, M. Herzog-Evans, Y. Le Gall, *Prescription, amnistie et grâce en France*, Dalloz, 2008, p. 350

[374] Art. R70 du CPP

[375] M. Herzog-Evans, 2007, *Op. cit.*

[376] A nuancer car l'audience de réhabilitation est en chambre du conseil.

[377] P. Poncela, *Droit de la peine*, PUF, Coll.Thémis, 2001, éd 2, p. 434

[378] *La doctrine pénaliste et la récidive au XIXe siècle,* J-L. Halpérin *in* J-P. Allinne et M. Soula (dir.), *Les récidivistes. Représentations et traitements de la récidive, XIXe-XXIe siècle*, Presses universitaires de Rennes, 2011, p. 87

[379] Loi n° 2007-297 du 5 mars 2007 relative à la prévention de la délinquance, entrée en vigueur le 7 mars 2008

[380] Comp. : « L'oubli en droit pénal », H. Matsopoulou, *in* Mélanges B. Bouloc, éd. Dalloz, nov. 2006, p. 771

[381] « Les effets de la réhabilitation », A. Vitu, RSC 1992. 310

[382] « La loi relative à la prévention de la délinquance et à l'exécution des peines », M. Herzog-Evans , D. 2007. Chron. 2174 ; « Réhabilitation judiciaire : à quelles conditions ? », D. Goetz, Dalloz actualité, 17 janv. 2020

[383] D. Goetz, 17 janv. 2020, *Op. cit.*

[384] Loi dite *Béranger* du 14 août 1885 relative aux moyens de prévenir la récidive ; P. Reutenauer, De la réhabilitation en matière pénale et disciplinaire, Hachette Livre, 1900, p. 114

[385] P. Reutenauer, 1900, *Op. cit.*, p. 73

[386] « De l'importance du rituel judiciaire dans le constat de l'arrêt de la délinquance », M. Herzog-Evans, AJ Pénal 2010, p. 457

[387] « Réhabilitation », M. Herzog-Evans, Répertoire de droit pénal et de procédure pénale, Dalloz, avril 2008, actualisé en mars 2018, §83 ; « Le sens de l'effacement de la peine », M. Herzog-Evans, AJ Pénal 2007, p. 412

[388] M. Herzog-Evans, avril 2008, *Op. cit.*, §7

[389] M. Herzog-Evans, avril 2008, *Op. cit.*, §13

[390] Loi du 3 juill. 1852 sur la réhabilitation des condamnés
[391] P. Reutenauer, 1900, *Op. cit.*, p. 101
[392] « La réforme des casiers judiciaires », J. Appleton, éd. L. Larose et Forcel, 1893
[393] P. Reutenauer, 1900, *Op. cit.*, p. 78
[394] *Ibid.;* V. *supra* **§63**
[395] M. Herzog-Evans, avril 2008, *Op. cit.*, §75
[396] V. *supra* **§80**
[397] « De l'importance du rituel judiciaire dans le constat de l'arrêt de la délinquance », M. Herzog-Evans, AJ Pénal 2010, p. 457
[398] *Ibid.*
[399] *Ibid.*
[400] V. *supra* **§45** ; En ce sens : M. Herzog-Evans, 2010, *Op. cit.*
[401] Crim. 6 juill. 1994, n° 93-80.505, Bull. crim. n° 268
[402] P. Reutenauer, *De la réhabilitation en matière pénale et disciplinaire*, Hachette Livre, 1900, p. 75
[403] M. Herzog-Evans, 2010, *Op. cit.*
[404] Rapport de M. Langlois au Corps législatif sur la loi du 3 juill. 1852 sur la réhabilitation des condamnés *in* P. Reutenauer, 1900, *Op. cit.* p. 78
[405] V. *supra* **§43**
[406] En ce sens : Annexes « Réflexions sur le sens de la peine », Commission nationale consultative des droits de l'homme, 24 janv. 2002, disponible sur : http://prison.eu.org/IMG/pdf/CNCDH_annexes.pdf
[407] P. Ricœur, *Le Juste*, Esprit, 1995, p. 193 *in* Commission nationale consultative des droits de l'homme, 24 janv. 2002, *Op. cit.*
[408] E. Berger *La législation relative à la récidive criminelle sous la Révolution et le Consulat (1791-1801) in* J-P. Allinne et M. Soula (dir.), *Les récidivistes. Représentations et traitements de la récidive, XIXe-XXIe siècle*, Presses universitaires de Rennes, 2011, p. 121
[409] En ce sens : J-L. Sanchez, « Les lois Bérenger (lois du 14 août 1885 et du 26 mars 1891) », Criminocorpus *in Histoire de la criminologie. Autour des Archives d'anthropologie criminelle 1886-1914*, 1 janv. 2005
[410] J-B. Treilhard *in* P. Reutenauer, *De la réhabilitation en matière pénale et disciplinaire*, Hachette Livre, 1900, p. 82
[411] J-M. Varaut, *La prison pour quoi faire ?,* la Table Ronde, 1972
[412] *Les sorties de délinquance - Théories, méthodes, enquêtes*, M. Marwan, 2012

[413] Comp. : « Sanction, réhabilitation, pardon » *in* P. Ricœur, *Le juste,* Esprit, 1995, p. 203
[414] M. Marwan : https://www.marwanmohammed.net/blog-1
[415] « Comment désengorger les prisons ? », D. Simonnot J-P. Céré, Vie publique, disponible sur https://www.vie-publique.fr/parole-dexpert/284761-comment-desengorger-les-prisons
[416] Comp. « La peine et le temps », A. Ponseille, 2007, Pédone « Archives de politique criminelle », n° 29, p. 69
[417] Notamment S. Glueck, E. Glueck, T. Meisenhelder, P. Pinsonneault, R. Burnett, S. Maruna, F. McNeill, S. Farrall.
[418] « *De l'importance du rituel judiciaire dans le constat de l'arrêt de la délinquance* », M. Herzog-Evans, AJ Pénal 2010, p. 457
[419] S. Maruna, *Making Good. How Ex-Convicts Reform and Rebuild their Lives*, American Psychological Association, 2001 *in* M. Herzog-Evans, 2010, *Op. cit.*
[420] « Sanction, réhabilitation, pardon » *in* P. Ricœur, *Le juste,* Esprit, 1995, p. 207
[421] En ce sens : P. Reutenauer, 1900, *Op. cit.*, p. 78
[422] En ce sens : J. Bregeault et L. Delagarde, *Traité théorique et pratique de la réhabilitation des condamnés : Commentaire du Titre III de la Loi Du 14 Août 1885*, Marchal et Billard, 1886, p. 5 : « N'eût-elle, d'ailleurs, pour effet que de ramener au bien quelques individus isolés, on pourrait encore proclamer hautement que c'est une excellente loi ! » (disponible sur http://data.decalog.net/enap1/Liens/fonds/F16C53.pdf) ; Maître Spinosi au cours de l'audience du 4 févr. 2020 de la QPC n° 2019-827 : « Le fait qu'il soit seul à pouvoir exercer cette action ne serait être une raison de le lui interdire. On ne mesure pas l'existence d'un droit à l'aune du nombre de ceux qui ont vocation à l'exercer ».
[423] P. Reutenauer, 1900, *Op. cit.*, p. 85
[424] « De l'importance du rituel judiciaire dans le constat de l'arrêt de la délinquance », M. Herzog-Evans, AJ Pénal 2010, p. 457
[425] M. Proust, *A La recherche du temps perdu*, 1918

Structures éditoriales du groupe L'Harmattan

L'Harmattan Italie
Via degli Artisti, 15
10124 Torino
harmattan.italia@gmail.com

L'Harmattan Hongrie
Kossuth l. u. 14-16.
1053 Budapest
harmattan@harmattan.hu

L'Harmattan Sénégal
10 VDN en face Mermoz
BP 45034 Dakar-Fann
senharmattan@gmail.com

L'Harmattan Cameroun
TSINGA/FECAFOOT
BP 11486 Yaoundé
inkoukam@gmail.com

L'Harmattan Burkina Faso
Achille Somé – tengnule@hotmail.fr

L'Harmattan Guinée
Almamya, rue KA 028 OKB Agency
BP 3470 Conakry
harmattanguinee@yahoo.fr

L'Harmattan RDC
185, avenue Nyangwe
Commune de Lingwala – Kinshasa
matangilamusadila@yahoo.fr

L'Harmattan Congo
219, avenue Nelson Mandela
BP 2874 Brazzaville
harmattan.congo@yahoo.fr

L'Harmattan Mali
ACI 2000 - Immeuble Mgr Jean Marie Cisse
Bureau 10
BP 145 Bamako-Mali
mali@harmattan.fr

L'Harmattan Togo
Djidjole – Lomé
Maison Amela
face EPP BATOME
ddamela@aol.com

L'Harmattan Côte d'Ivoire
Résidence Karl – Cité des Arts
Abidjan-Cocody
03 BP 1588 Abidjan
espace_harmattan.ci@hotmail.fr

Nos librairies en France

Librairie internationale
16, rue des Écoles
75005 Paris
librairie.internationale@harmattan.fr
01 40 46 79 11
www.librairieharmattan.com

Librairie des savoirs
21, rue des Écoles
75005 Paris
librairie.sh@harmattan.fr
01 46 34 13 71
www.librairieharmattansh.com

Librairie Le Lucernaire
53, rue Notre-Dame-des-Champs
75006 Paris
librairie@lucernaire.fr
01 42 22 67 13

www.ingramcontent.com/pod-product-compliance
Lightning Source LLC
LaVergne TN
LVHW021223061026
849535LV00008B/2888
* 9 7 8 2 3 3 6 4 4 3 2 6 3 *